まち建築

まちを生かす36のモノづくりコトづくり

日本建築学会 編

彰国社

装丁　氏デザイン

まち建築のすすめ

「はじめに」にかえて

「まち建築」とは、まちを生かす建築のいとなみのこと。ここで「建築」はモノとしての建築物だけでなく、コトとしての建築行為も意味する[1]。今、建築に携わるすべての人びとに対して、ふたつのことを提起したい。ひとつはまちを生かす意識、もうひとつは建築のいとなみの拡張である。本書では、この提起に基づいて、36の事例を紹介しながら、これからの建築の職能のあり方を考える。

近年、ソーシャルやパブリックといった概念に注目が集まり、その本質的でフィジカルな現れである「まち」——ここでは、大都市から集落まで規模にかかわらず人びとが集まって生活を営む場のことを指す——をフィールドにした活動が、さまざまな分野で活発になっている。アート、デザイン、フード、広告やマーケティング、スポーツ、社会教育、果てはゲームまで、新たな動きがまちなかで見られたり、まちをテーマに展開していたりする。人びとは、ものを買って所有するような楽しみだけでなく、まちなかに身を置いて、空間に潜む歴史や未来を再発見し、他者と共有する体験に楽しみを見いだすようになってきており、そうした「まちに生き、まちを楽しむ感覚」こそがビジネスになると考える人びとが次々と参入してきているのではないだろうか。

翻って、まちをつくる職能として真っ先に挙げられるであろう建築分野は、大文字の建築に拘泥するあまり、あるいは私有財産としての価値を重視するあまり、他の分野が軽々と身につけてきたまちに対する感覚を思いのほか欠いていたのではないだろうか。まちは、多様な人びとが創造性を持ち寄ってつくられるべきであるから、さまざまな分野の参入は望ましい。しかし、そのなかでも建築分野に寄せられる期待は大きい。建築に携わる者は、空間そのものを扱うスキル、人と都市をつなぐスケール感覚、生活と生産に根付いた知、複雑で多面的な価値を統合編集する力、それらを目に見えるかたちで伝える能力などを身につけているはずだからである。1棟の建築物がまちの体験やイメージをがらりと変えてしまうことだってある。だから、建築に携わる者は、改めてまちを生かすことに意識的になるべきだろう。実際、若い世代を中心に、まちとともに生き、まちを生かす感覚を持って建築の仕事をする者が現れつつある。この感覚は、プロジェクトの規模の大小にかかわらず必要とされるものである。

さて、建築する行為、すなわち建築のいとなみは、これまで新築を中心に考えられてきた。しかし、日本ではもはや新築の機会は急激に減少している。既存建築ストックの改修活用はます

ます重要性を増しており、おのずと建築のいとなみが新築以外の設計や施工に拡張してきている。本書ではさらに、設計や施工のような"つくる"行為だけではなく、維持管理や解体などフィジカルな建築物の生涯をめぐる建築のいとなみや、まちにおける建築物の役割やあり方を価値づける建築のいとなみにまで拡張することの可能性に言及したい。まちをつくる一員として、そうした建築のいとなみが期待されていると考えられるからだ。一方で、貴重な新築の機会は、単に建築物をフィジカルに構築する期間というだけでなく、まちにおける新たな価値を創造する機会としても活用していくべきだろう。建築の仕事がなくなっていくと言われて久しいが、建築の職能を再構築するためにも、社会の期待に応えるためにも、建築のいとなみを拡張していくことが、今必要とされている。建築のいとなみを拡張するためには、狭義の建築分野の知識やスキルだけでなく、企画、経営、マネージメントなど、必ずしもこれまで訓練されてこなかった事柄が必要になってくる。建築の職能として新たな知識やスキルを身につけるのか、異なる分野の人びとと協働しながら建築のいとなみを拡張していくのか、それぞれの可能性があるだろう。

　本書では、建築のいとなみを5つのフェーズのサイクルに区分した。各事例では、どのようにまちを意識して建築のいとなみを拡張していくかを紹介する。さまざまな方向性があるが、全体を通してこれからの建築の職能に求められるものの外形が浮かび上がってくる。建築に携わる者それぞれが、自分に引き寄せて考えられる事例がひとつやふたつはあるだろうから、まずは自分にできる「まち建築」を始めてみてほしい。

　　　　　　　　　　　日本建築学会 建築教育委員会

註
1　国語辞典では、「建築」は「家・橋などをたてること。また、建造物。狭義には、建築物を造ることをいう。普請。作事。」(『大辞林　第二版』三省堂）とされており、もともとコトとモノの両方の概念を含む言葉である。

建築のいとなみサイクル

　本書では、建築のいとなみを「使いこなす」「終える」「構想する」「工事する」「見つめる」のサイクルとして、各事例を位置づけていく。わが国において、グリーンフィールド＝手つかずの土地を造成して新築する時代は終焉を迎えた。今、私たちは既成市街地や既存集落あるいはブラウンフィールドが存在している状態を初期条件として、空間を考えることが常になっている。

　そこで、本書では、建築物が存在していることを前提に、「使いこなす」ところから建築のいとなみサイクルを始めたい。ただし、書籍という形式上、便宜的に始まりと終わりがあるが、これはあくまでもサイクルであり、各事例も独立しているので、最初から通読していただいても、読者の興味に応じた順に読んでいただいても構わない。

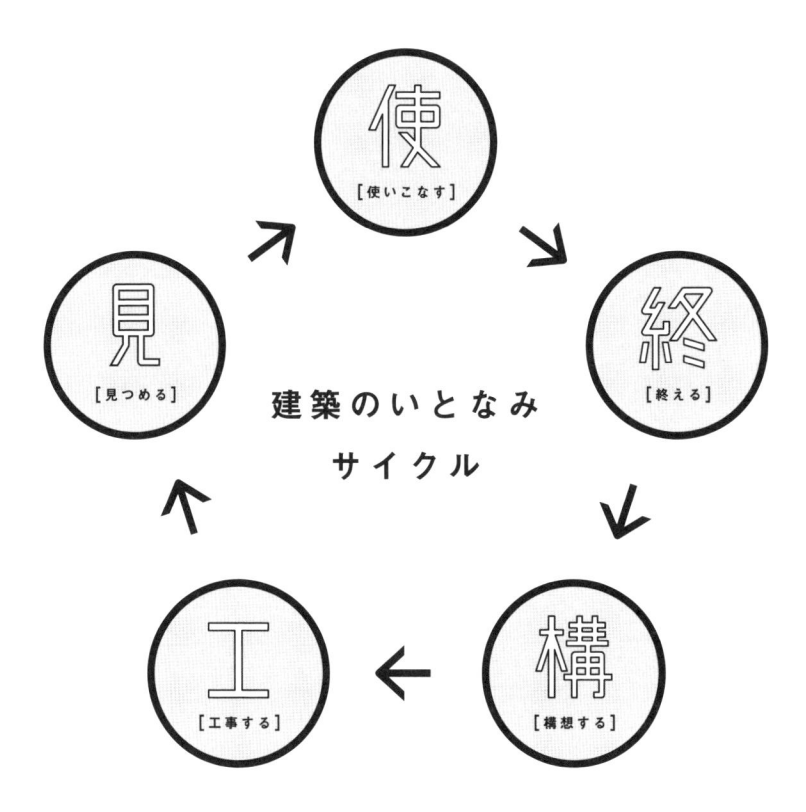

建築のいとなみサイクル

- 使［使いこなす］
- 終［終える］
- 構［構想する］
- 工［工事する］
- 見［見つめる］

36のモノづくりコトづくり

複数の地域で活動しているプロジェクトについては、
本書で取り上げている代表的な場所、
または活動拠点としている場所を示した

NIIGATA
8 月影小学校再生計画［新潟県上越市］
34 仮設のトリセツ［新潟県、岩手県、宮城県、福島県］

SAITAMA
17 北本らしい"顔"の駅前つくりプロジェクト［埼玉県北本市］
22 鶴ヶ島プロジェクト［埼玉県鶴ケ島市］

NAGANO
1 KANEMATSU［長野県長野市］
16 旧山崎歯科医院［長野県松本市］
32 みずみずしい日常［長野県松本市］

SHIGA
5 とよさと快蔵プロジェクト
［滋賀県犬上郡豊郷町］

KYOTO
28 DIYプロジェクト［京都府京都市］

OSAKA
31 ビルマニアカフェ［大阪府大阪市］

SHIMANE
18 CitySwitch［島根県出雲市ほか］

FUKUOKA
23 リノベーションスクール@北九州
　［福岡県北九州市］

TOKUSHIMA
3 サテライトオフィスプロジェクト
　［徳島県名西郡神山町］

KAGAWA
7 仏生山温泉・まちぐるみ旅館
　［香川県高松市］

MIYAZAKI
21 延岡駅周辺整備
　「駅まちプロジェクト」
　［宮崎県延岡市］

KANAGAWA
6 ヨコハマホステルヴィレッジ［神奈川県横浜市］
9 松原商店街バザール創造プロジェクト［神奈川県横浜市］
13 RYUGU IS OVER!! 竜宮美術旅館は終わります［神奈川県横浜市］
15 ガラスシティ・プロジェクト［神奈川県川崎市］

IWATE
11 住環境点検ワークショップ［岩手県釜石市］

TOCHIGI
2 宇都宮市もみじ通り［栃木県宇都宮市］

TOKYO
10 洗足カフェ［東京都目黒区］
12 トランスアーツトーキョー［東京都千代田区］
24 いえつく5［東京都杉並区］
26 新宿サザンビートプロジェクト［東京都新宿区］
35 子ども建築塾［東京都渋谷区］

UK
25 バルティック現代アートセンター［英国・ゲイツヘッド］
30 オープンハウス・ロンドン［英国・ロンドン］
33 ピクノポリス［英国・ニューカッスル／ゲイツヘッド］

USA
20 アーキテクチャー・フォー・ヒューマニティ［米国、ハイチ、日本ほか］

GERMANY
14 プレーパーク「ワイルド・ウェスト」［ドイツ・ライプツィヒ］
19 オープンエアー・ライブラリ［ドイツ・マクデブルク］
27 ハーフェンシティ展望台／ポツダム広場インフォボックス／統一20周年記念インフォトレッペ［ドイツ・ハンブルク、ベルリン］

KOREA
4 ムンレ・アート・ビレッジ［韓国・ソウル市］

WORLDWIDE
36 けんちく体操［国内外多数］

RWANDA
29 償いの家づくりプロジェクト［ルワンダ］

INDEX

まち建築のすすめ 「はじめに」にかえて ——— 3
36のモノづくりコトづくり ——— 6

使いこなす ——— 12

1　シェアオフィスで地域を育む｜KANEMATSU ——— 14
2　自分の住みたいまちをつくる｜宇都宮市もみじ通り ——— 20
3　移住者を呼び込む創造的田舎暮らし｜サテライトオフィスプロジェクト ——— 24
4　工場街の昼と夜を使い分ける｜ムンレ・アート・ビレッジ ——— 28
5　受け継ぎ方をデザインする｜とよさと快蔵プロジェクト ——— 32
6　まちに新たな人の流れをつくる｜ヨコハマホステルヴィレッジ ——— 36
7　まち全体を1つの宿ととらえる｜仏生山温泉・まちぐるみ旅館 ——— 40
8　廃校再生をきっかけに、地域と人を育てる｜月影小学校再生計画 ——— 44
9　商店街に回遊性を生みだす｜松原商店街バザール創造プロジェクト ——— 48
10　田舎と都会をつなぐ日替わりカフェ｜洗足カフェ ——— 52
11　住まい手とともに住環境を点検する｜住環境点検ワークショップ ——— 56

終える ——— 62

12　建物は残さず記憶をつなぐ｜トランスアーツトーキョー ——— 64
13　展覧会で幕を下ろす｜RYUGU IS OVER!! 竜宮美術旅館は終わります ——— 68
14　役割を終えたモノと空間で創造性を育む｜プレーパーク「ワイルド・ウェスト」 ——— 72
15　ローカルなマテリアルで都市の質感を変える｜ガラスシティ・プロジェクト ——— 76
16　建築の終わりをまちづくりの始まりにする｜旧山崎歯科医院 ——— 80

構想する ——— 86

17　まちの「顔」をつくりだす｜北本らしい"顔"の駅前つくりプロジェクト ——— 88
18　ワークショップの手法を開発する｜CitySwitch ——— 92
19　まちかどの共有の場所を構想する｜オープンエアー・ライブラリ ——— 98
20　世界をつなぎ社会問題を解決する｜アーキテクチャー・フォー・ヒューマニティ ——— 102
21　コミュニティデザイナーと協働する｜延岡駅周辺整備「駅まちプロジェクト」 ——— 106
22　公共施設を幸せに統廃合する｜鶴ヶ島プロジェクト ——— 110
23　与条件に遡って構想し、自ら運営する｜リノベーションスクール＠北九州 ——— 114

工事する ──────────── 120

- 24 ご近所づきあいをデザインする｜いえつく5　　122
- 25 アートセンターは工事中から始まる｜バルティック現代アートセンター　　126
- 26 工事現場をデザインする｜新宿サザンビートプロジェクト　　130
- 27 開発現場を眺める｜ハーフェンシティ展望台／ポツダム広場インフォボックス／統一20周年記念インフォトレッペ　　134
- 28 住まい手のスキルを育てる｜DIYプロジェクト　　138
- 29 家づくりで償う｜償いの家づくりプロジェクト　　142

見つめる ──────────── 148

- 30 建築の見方、楽しみ方を育てる｜オープンハウス・ロンドン　　150
- 31 愛するビルを伝え、新しい価値を与える｜ビルマニアカフェ　　154
- 32 小さな道具を提案する｜みずみずしい日常　　158
- 33 都市景観を愛で、公共空間を楽しむ｜ピクノポリス　　162
- 34 仮設住宅の住みこなしを収集・流通させる｜仮設のトリセツ　　166
- 35 まちや建築の見つめ方を育てる｜子ども建築塾　　170
- 36 身体を動かして、建築を学ぶ｜けんちく体操　　174

COLUNM

- 建築行為の社会背景｜森田芳朗　　60
- 建てない時代の建築教育｜平田京子　　84
- デザインや工事がカラオケ化する時代に仕事をつくる｜山代 悟　　118
- 回復の場のデザインは可能か？｜岩佐明彦　　146

座談会
建築にできることは、もっと多様で幅広い ──────────── 178

伊藤香織×有岡三恵×一ノ瀬 彩×大西正紀×
岡部友彦×志村真紀×平田京子×山代 悟

写真クレジット ──────────── 183

建築教育本委員会	委員長	石川孝重	日本女子大学家政学部住居学科
	幹　事	長澤夏子	早稲田大学理工学術院理工学研究所
		平田京子	日本女子大学家政学部住居学科
		元岡展久	お茶の水女子大学人間文化創成科学研究科

建築教育将来計画	主　査	平田京子	
小委員会	幹　事	長澤夏子	

市民協働のデザイン	主　査	伊藤香織	東京理科大学理工学部建築学科
ワーキンググループ	幹　事	志村真紀	横浜国立大学地域実践教育研究センター
	委　員	有岡三恵	Studio SETO
		一ノ瀬彩	茨城大学工学部都市システム工学科
		大西正紀	mosaki
		岡部友彦	コトラボ合同会社
		平田京子	
		山代悟	ビルディングランドスケープ

執筆者
(五十音順／数字は担当頁)

有岡三恵	24〜27、40〜47、106〜109
一ノ瀬彩	20〜23、68〜71、80〜83、158〜161
伊藤香織	3〜5、12、63、86、120、126〜141、149、162〜165
岩佐明彦	新潟大学工学部建設学科 146〜147、166〜169
大谷悠	ライプツィヒ「日本の家」、ライプツィヒ大学博士課程 72〜75、98〜101
大月敏雄	東京大学大学院工学系研究科建築学専攻 56〜59
大西正紀	14〜19、64〜67、110〜113、122〜125、154〜157、174〜177
岡部友彦	28〜39、102〜105
岡村祐	首都大学東京都市環境学部自然・文化ツーリズムコース 150〜153
志村真紀	48〜51、76〜79、88〜91
田中暁子	後藤・安田記念東京都市研究所 150〜153
冨安亮輔	東京大学大学院工学系研究科建築学専攻 56〜59
野原卓	横浜国立大学大学院都市イノベーション研究院 150〜153
平田京子	84〜85、142〜145
古川きくみ	NPOこれからの建築を考える／伊東建築塾 170〜173
森田芳朗	東京工芸大学工学部建築学科 60〜61
山代悟	92〜97、114〜119
和田夏子	東京大学新領域創成科学研究科社会文化環境学専攻 52〜55

[使 い こ な す]

戦後建てられた大量の建築ストックが物理的、機能的、社会的に疲弊してきて、リノベーションやコンバージョンが設計者の活躍の場となっている。その際、建築の価値再生だけでなく、地域の価値再構築の機会とする試みが見られるようになってきた。それは、疲弊した建築物が疲弊した地域の象徴だからであり、一方で地域の時間が蓄積された建築物はすでに所有者だけのものではなくなっているからではないだろうか。特に、人口の変動や産業構造の変化の影響が色濃く表れる地方都市、農山漁村、ニュータウン、商店街、学校、工場などはそうした取り組みが求められる典型的な場所であり、本章でもそうした事例が中心に集まった。

使

シェアオフィスで地域を育む
KANEMATSU
長野県長野市

KANEMATSUは長野市善光寺の門前に眠っていた古い3つの蔵を内包する550㎡の空間をリノベーションしたシェアオフィスだ。彼らはLLP（有限責任事業組合）を設立し、新しいかたちの賃貸借契約、事業形態を生み出した。現在では地域に開いたさまざまなイベントも行われている。ここを起点に、既存のまちを生かした個人ベースのまちづくりが若い人たちの手によって広がっている。

5年間は家賃を下げて事業を整える

　長野県では2011年ごろ長野市や上田市を中心に、連続的にコワーキングスペースやシェアオフィスがオープンしている。その火付け役の1つとなったのが、長野市のシェアオフィス「KANEMATSU（カネマツ）」だ。「KANEMATSU」の周辺には、善光寺門前の情緒ある街並みが広がるが、その風景をつくり上げている蔵や古い建物の維持管理に悩むオーナーも少なくない。土地が売却されてしまうと、建物は取り壊され、敷地は駐車場になる。街並みが歯抜けとなってしまうケースも目立ち始めていた。

　こうした背景のなか、長野市で働く建築家の宮本圭氏とグラフィックデザイナーの太田伸幸氏は2009年7月、3つの蔵を内包する550㎡もの巨大な工場に出合った。内部は、工場のゴミがいっぱいですぐに使える状況ではなかったが、その広さと蔵の空間の魅力に可能性を感じた。できればこの建物を生かし、地域に貢献できるような使い方をしてほしいというオーナーの要望に対し、宮本氏は自らがこれを借り受け、シェアオフィスにすることを提案。さらに仲間を募り、集まった建築家、編集者などメンバー7人で有限責任事業組合（LLP）「ボンクラ」を設立した。

　しかし、550㎡もの巨大な建物を全面的に修繕、改修する初期投資費用はない。そこで最初の5年間は家賃を下げてもらい、その間は固定資産税等の税金相当を負担しながら自分たちで少しずつリノベーションを施して運営体制を整えていくことをオーナーと不動産会社、ボンクラの三者で話し合い、賃貸借契約書をいちから作成した。5年の間に、シェアオフィスの運営やイベントの収益によって、施設全体の運営をまわしていけるようにしようというわけだ。この新しい契約形態によって、プロジェクトは実現へ大きく動き出した。シェアオフィスは、それまで地元に根ざしていたオーナー企業名そのままに「KANEMATSU」と名付けられた。

3つの蔵と2つの平屋で構成されているこの巨大な工場は、当初、モノであふれていた。写真は蔵と蔵をつなぐスペース（約70㎡）

左写真のスペースを多目的スペースとして改修し、コンサートや講演会などさまざまなイベントを行っている

前頁：工場だった当時の面影を残したままシェアオフィスにコンバージョンした「KANEMATSU」外観。地域に開いたさまざまなイベントを行っている

015

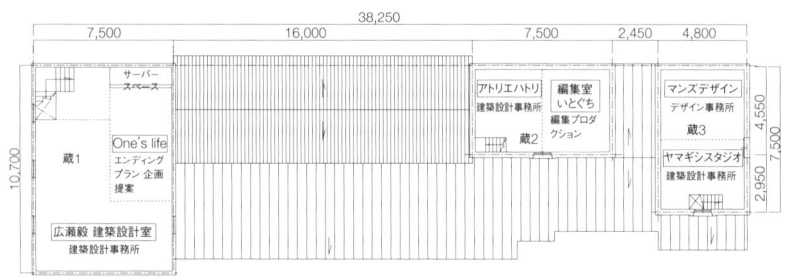

2階平面

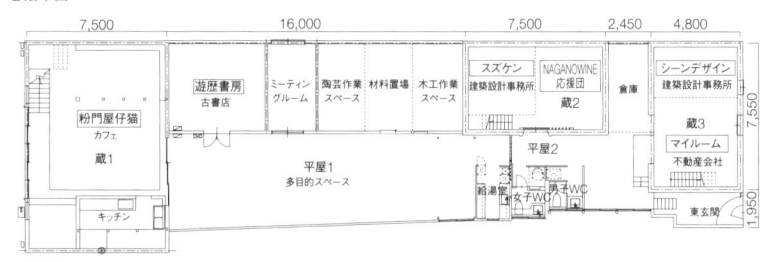

1階平面

リノベーション前の外観　　　「蔵2」に入居するオフィス　　　フリーマーケットの様子

地元の人びとを巻き込むアクティビティ

　自分たちで清掃とセルフビルドを重ねながら2009年11月から本格始動した「KANEMATSU」には、現在ボンクラのメンバーをはじめ2店10事業所、計19人が在籍している（2014年2月現在）。宮本氏は「始めてみると、地元にあるもののよさを生かしたいと思う人や自宅でひとり独立して仕事をしている人が、こんなにたくさんいたのかと驚きました」と話す。

　やがて、路上に面したエントランス部分にはカフェが入り、「KANEMATSU」のロビーのような役割も果たし、まちに対して入りやすさを演出している。カフェが緩やかに人の出入りを把握し、セキュリティ機能を果たすことで、シェアオフィスの利用者にも安心感が生まれる。

　カフェの奥には各蔵をつなぐ約70㎡の多目的スペースがある。ここではまちの人びとや日本各地からゲストを招き、地元を巻き込んでのイベントが年に3〜4回のペースで行われている。

次頁：上＝2011年6月、「平屋1」の一角に古書店「遊歴書房」がオープン。下＝多目的スペースの手前、路面に面した「蔵1」の1階は施設全体のエントランスとして機能している。2011年2月、ここにカフェがオープンした。こうした小さなショップにまちの人びとや観光客、周辺のクリエイターたちも集まり、建物とまちとの関わりがより深まっている

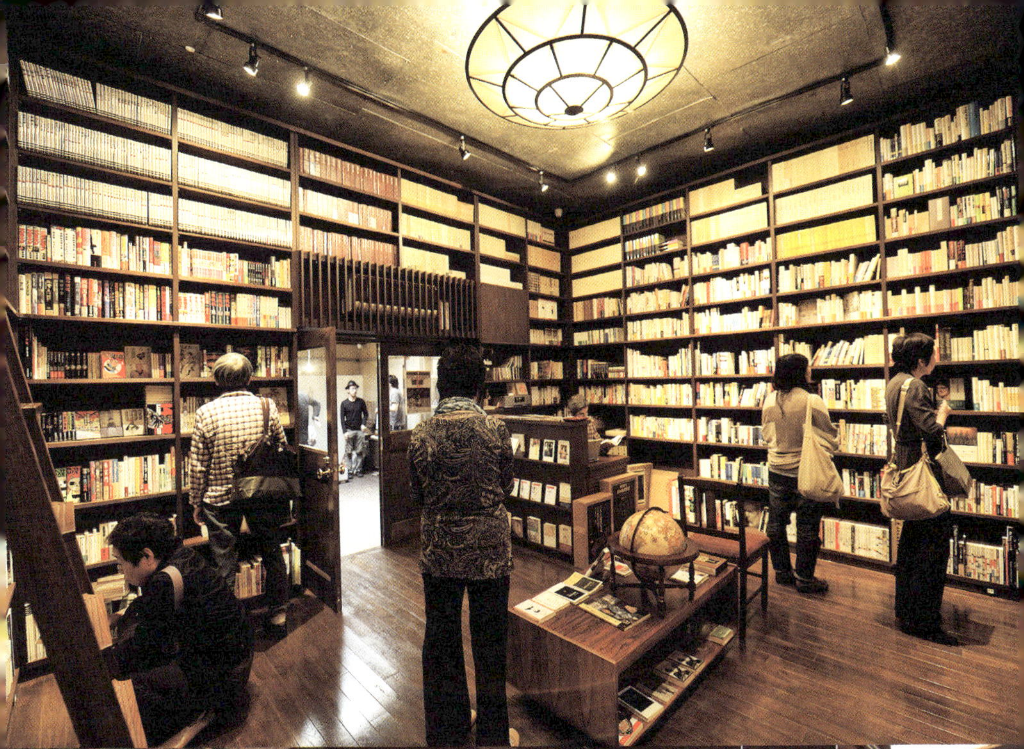

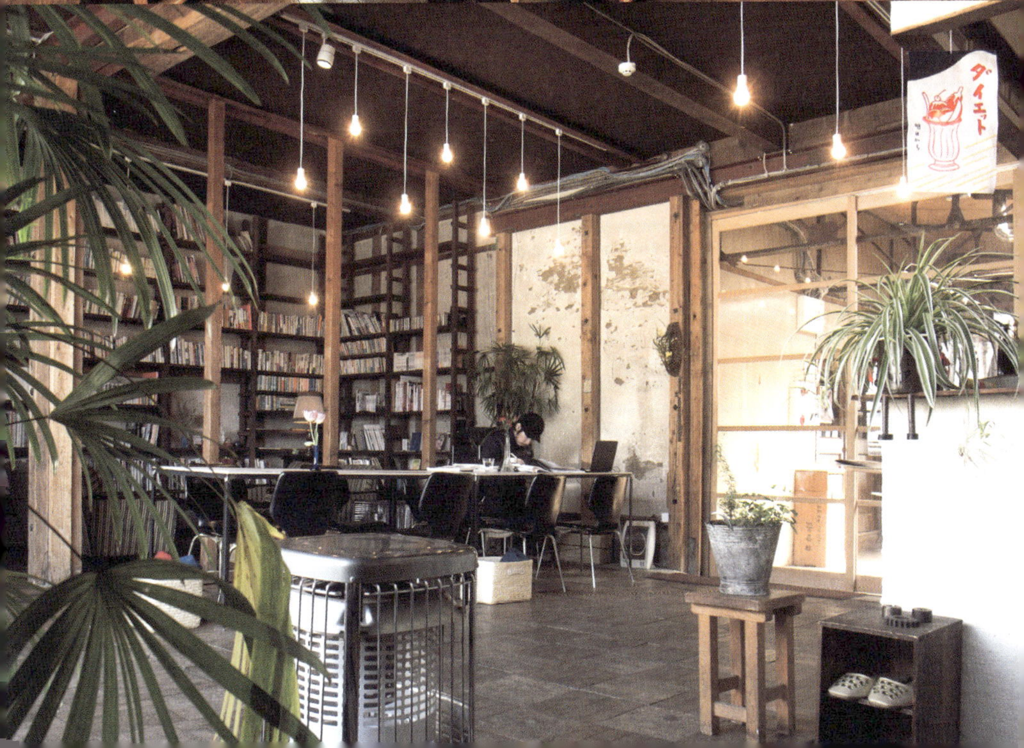
ダイエット

[建物オーナーが抱える問題とプロジェクトによるメリット]

オーナー側の問題点
・毎年の固定資産税の負担
・水道、電気、ガス基本料金の負担
・建物の維持管理費の負担
・建物の老朽化に伴う企業イメージの低下
・地域に対する社会貢献度の低下

⇩ ボンクラの借用開始

ボンクラが借りることによるオーナー側のメリット
・固定資産税、水道、電気、ガス基本料金の負担減
・建築士の目で必要と思われる維持、修繕・改修が施される
・オーナー企業のブランディングを兼ねて、建物のストーリーを大事にした活用が期待できる
・地域活動への積極的な参加

[「KANEMATSU」運営のしくみ]

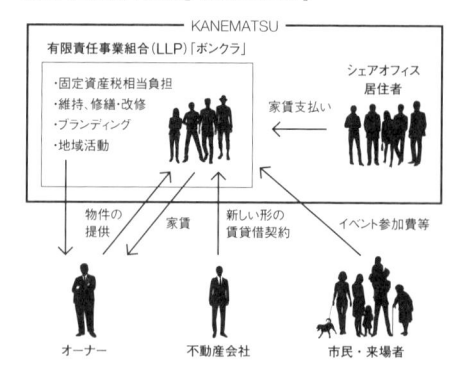

KANEMATSU
有限責任事業組合(LLP)「ボンクラ」
・固定資産税相当負担
・維持、修繕・改修
・ブランディング
・地域活動

シェアオフィス居住者 — 家賃支払い

物件の提供 / 家賃 / 新しい形の賃貸借契約 / イベント参加費等

オーナー　不動産会社　市民・来場者

DATA
規模／拠点：7人／長野県長野市東町
期間：2009年〜
資金：組合設立時に37万円
（保証金＝1事業所あたり6万円、資本金＝1人あたり1万円）
デザイン対象：既存の古い工場、賃貸借形態

運営形態の波及とそれを支える不動産のキーマン

　ここでの交流を起点として、同様の事業形態を持ちながら、既存建物を活用するスペースが門前のまちに増え始めている。その1つが、「長野市権堂 パブリックスペース"OPEN"」。2012年春、数百メートル離れたところにある蔵を利用し、シェアオフィスとして新たに立ち上げられた。当初は、地元の人びとに訝しく思われていたところもあったそうだ。しかし、今では認知度も向上し、地域に対する再評価と人や事との出会いによって、まち全体に相乗的な効果が生まれている。

　「KANEMATSU」には、地元門前地域の蔵や古い物件を積極的に手がける不動産会社マイルームの倉石智典氏が入居している。倉石氏は、善光寺門前で使われなくなっている魅力的な不動産を見つけては、オーナーや不動産会社と掛け合い、商売をしたい人、住みたい人などに情報を発信しマッチングを行う。空き物件をめぐる定期的なツアーイベントも好評だという。現在の善光寺門前を中心としたムーブメントを支える倉石氏のような存在も重要なポイントである。

次頁：「KANEMATSU」の目と鼻の先にできた「権堂パブリックスペース"OPEN"」は、呉服問屋兼住居だった屋敷と納屋、2つの蔵をリノベーションしてつくられた。現在はカフェ、お菓子教室、レザーショップ、CDショップ、シェアオフィス、コワーキングスペースなど、11人の組合員が入居し管理している。写真は、コワーキングスペース内観

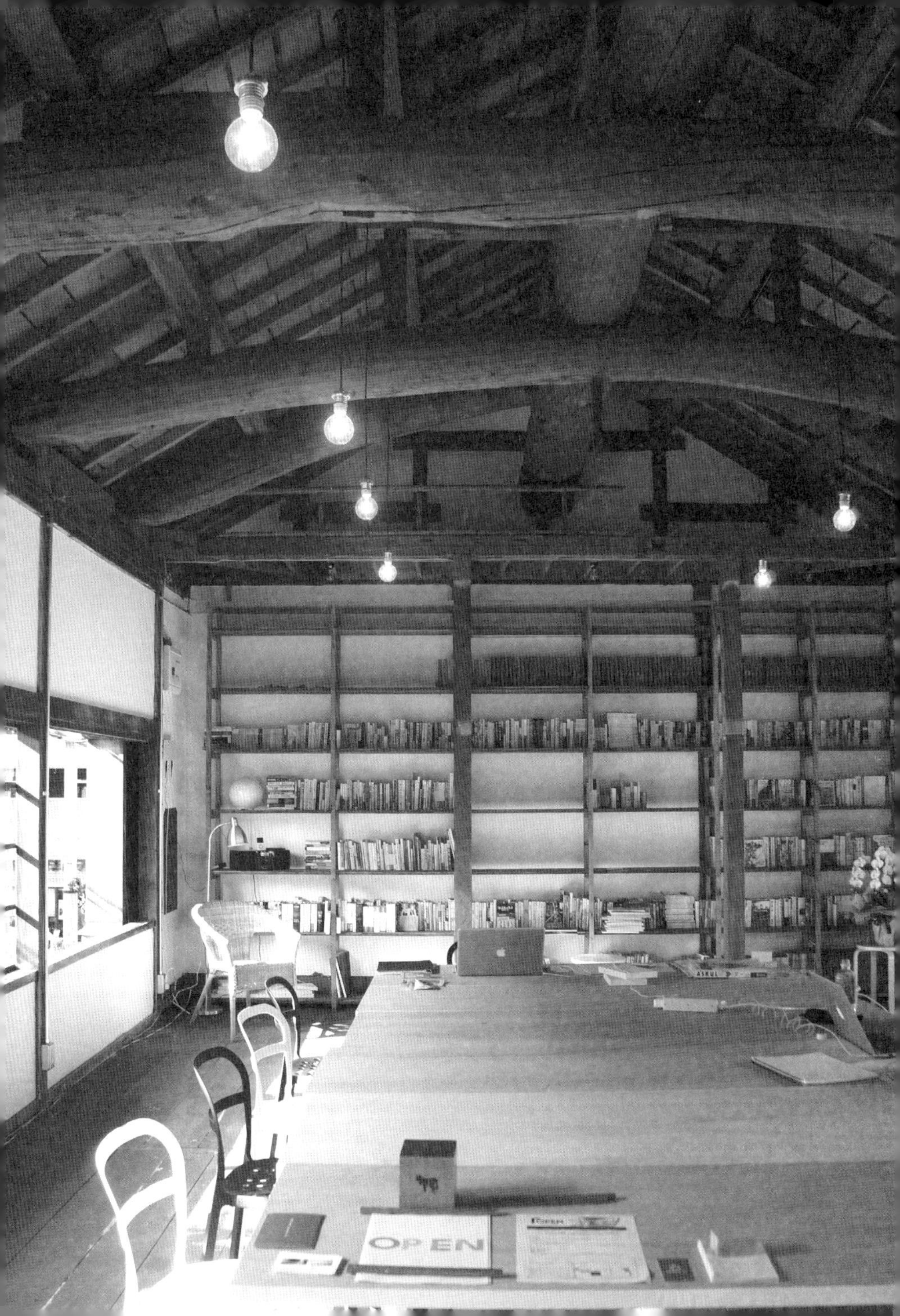
ASKUL
OPEN

[使いこなす]　[TOCHIGI]　[2010-]

自分の住みたいまちをつくる
宇都宮市もみじ通り
[栃木県宇都宮市]

2

東武宇都宮駅南西側にかつて存在した「もみじ通り商店街」。空間プロデュース業を営む塩田大成氏が、空き家や空き店舗が多くひっそりとしたその一角にある空きビルをシェアオフィスとしてリノベーションして事務所を構えた。徒歩圏内に住まいも構え、生活者となった塩田氏が楽しく暮らすための必要な機能や仲間を、自らの職能を生かしながら誘致し、次々とユニークなお店がオープンした。現在、そのエリアは「もみじ通り」として認知されつつある。

共感できる生活エリアをつくる
——シェアエリアという発想

宇都宮市で設計業と飛び抜けた特徴を持つ物件を紹介するサイト「MET不動産部」を運営していた塩田大成氏は、自営業を営むひとりとして、「価値観やライフスタイルに共感できる仲間とのシェアオフィスも都心部ではいいが、地方では一国一城を持っていないと気が済まない。プライベートなスペースを持ちつつ、ある程度距離をとって人との関係をつくれるようなシェアエリアがつくれたら」という思いがあった。自分の仕事場と住まいが徒歩圏内にあり、その数歩、数軒先に思いを共感できる人たちがお店や住まいを構え、ライフスタイルやエリアに共感する近隣生活者や店主が増えていくことで、その一帯が自分の生活エリアとなり、互いにそのエリアをシェアしてイベントなどもできれば最高だと考えた。

元商店街に着目

宇都宮市出身の塩田氏は、立地や家賃、外からの人を受け入れやすい土壌である元商店街に着目し、地元ではあるが地縁のないもみじ通り商店街を事務所を構えるエリアとして選択した。

この辺りは、宇都宮城の中級武家屋敷のあったお屋敷町で、敷地が広い戦前の戸建住宅や商店建築が混在する。弁護士やお医者さん、校長先生など、上品でゆったりとした人柄の人が多く住んでいるような印象のあるまちである。もみじ通りは、江戸時代に宇都宮城の西側出入口「佐野口木戸」に向かう城内の通りという、歴史的な由来を持つところも気に入った。さらに中心商業地から徒歩圏内に位置し、幹線道路と並行に走る裏通りであることから車でのアクセスもしやすい。商店街は2007年に解散し、空き家が多いが貸し物件は少なく、人通りが少ない

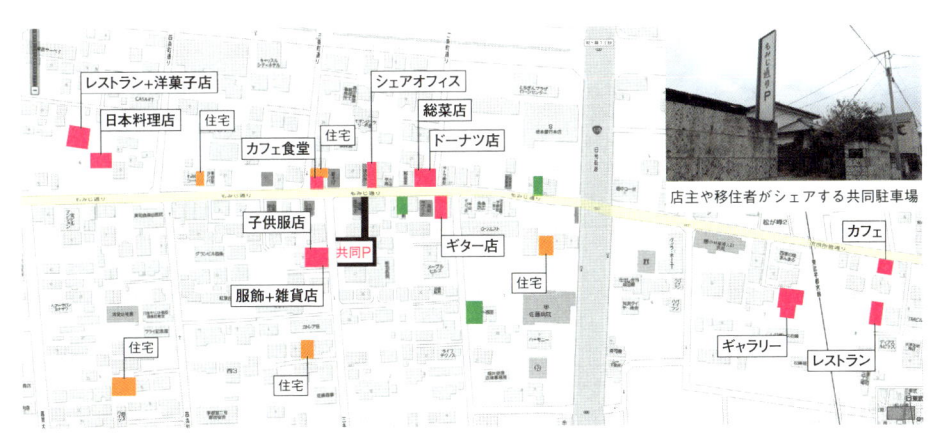

2007年のもみじ通り商店街解散以降、空き家の目立つ界隈だったが、「モミジオフィス」開設を機に、次々と新規店舗がオープン。地図中の赤色部分が新規入居店舗、緑色：物件化済み空き家、オレンジ：住宅、グレー：既存店舗（2013年10月現在）

前頁：塩田氏が物件を紹介したドーナツ専門店「dough-doughnuts」

場所である。この辺りは家賃断層帯で価格がガクンと下がり、家賃が比較的安い地域である。

2010年当時、唯一貸し物件であったオフィスビルをリノベーションして、シェアオフィス「モミジオフィス」をオープンし、事務所を構えた。現在は、徒歩1分圏内に住宅も構えて生活をしている。

自分の生活に必要な店を
妄想し、誘致する

1日の大半を事務所で過ごすようになった塩田氏は、事務所のまわりにカフェやお惣菜を販売するお店など生活に密着したお店が欲しいと考えるようになった。最初のころはお店を始めたい仲間に声をかけ、時にはお店に出向いてスカウトするなどして、空き家のマッチングや家主との交渉、改装のアドバイスをして出店を誘致した。現在までにモーニングやランチを出すカフェ、食材と惣菜販売店、ドーナツ専門店、服飾雑貨店などが次々とオープンし、3年で12店舗となった。1店1店がまちの雰囲気に合わせて丁寧にリノベーションされ、ファサードにもそれぞれのお店の個性が表現されている。もみじ通りは少しずつまちの雰囲気が変わり、徐々に人が立ち寄る場所になっていった。さらに空き地を出店者や移住者が共同駐車場「もみじ通りパーキング」としてシェアし、来訪者のアクセシビリティを高めた。

地方都市で、働く・暮らすための
選択肢を増やす

塩田氏は2011年には不動産業も始め、積極的に家主と交渉して空き家を貸し物件として扱えるようにした。家主の補修工事費の負担をなくしたり、借り主の原状回復の義務をなくし自由なリノベーションを可能にして、低家賃に設定するなど、貸し借りしやすい特約を設定し、空き家を貸し物件「もみじ通り物件」として界隈の魅力とともに紹介している。

また、現在高齢化が進み空き家が増えるなか、貸し物件にしていくために建物の管理を担う県外の子世代に対して建物の活用方法を提案していくことも必要である。塩田氏が運営するシェアオフィス「モミジオフィス」では、不定期の「もみじ喫茶」や自身が運営する物件紹介サイトを通じて物件に興味を持つ人や出店希望者が集まる「物件パーティー」の開催、もみじ通りの住人や出店者が集う忘年会など、エリア内外のもみじ通りのコミュニティを形成するサロン的な場にもなっている。

現在、出店・移住してきた人や希望者は平均40歳。それなりに経験を積んで生活が確立してきた人や店舗の移転や店長候補レベルの人など、落ち着いてじっくりやっていこうとする人が多いようだ。人口50万の地方都市で、もみじ通りが働く・暮らすひとつの選択肢として認知されるようなエリアになればと塩田氏は考える。

DATA

活動主体：空間プロデュースビルススタジオ（代表＝塩田大成）
規模／拠点：4人／栃木県宇都宮市もみじ通り
期間：2010年〜（2011年、宅地建物取引業免許登録）
デザイン対象：2007年に解散した商店街界隈

[プロジェクト全体の流れを管理する]

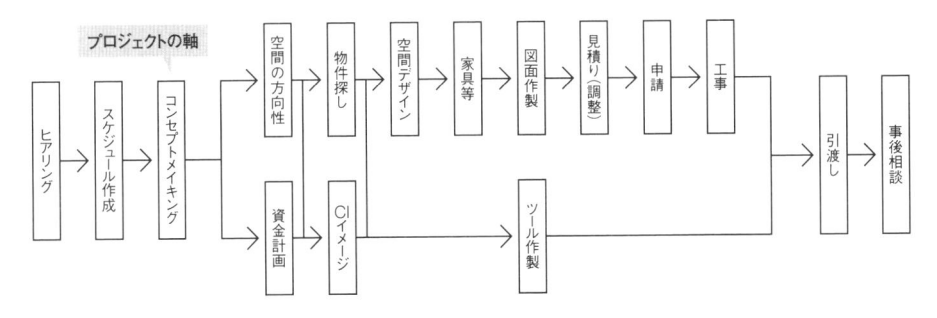

ヒアリング → スケジュール作成 → コンセプトメイキング → プロジェクトの軸

コンセプトメイキング → 空間の方向性 → 物件探し → 空間デザイン → 家具等 → 図面製作 → 見積り(調整) → 申請 → 工事 → 引渡し → 事後相談

コンセプトメイキング → 資金計画 → CIイメージ → ツール作製

塩田氏の運営するビルススタジオでは、プロジェクトのコンセプトづくりから空間設計にとどまらず、家具やメディア制作などのプロデュース、さらには運営相談まで総合的に携わる

塩田氏が運営するシェアオフィス「モミジオフィス」は、この界隈のサロン的な場所にもなっている

半径200mにも満たないエリアにもかかわらず、個性的な店舗や住民たちが集まってきているもみじ通り界隈。2013年にはもみじ通りで初のイベント「あ、もみじずぎ」が開催された

もみじ通りは東武宇都宮駅から徒歩圏内。宇都宮城址西側佐野口に向かう場所で、かつては武家屋敷のまちとして栄えた

ウェブサイト「MET不動産」では、栃木県のひとクセあるが他にはない特徴のある物件を発掘・紹介

【 使いこなす 】　【 TOKUSHIMA 】　【 2010- 】

移住者を呼び込む創造的田舎暮らし
サテライトオフィスプロジェクト
徳島県名西郡神山町

3

都会から移住希望者が殺到する徳島県神山町は、市街地から車で40分、四国山脈に囲まれた人口6,000人のまちである。2011年度、社会動態（転出ー転入）は人口増加となり、現在は移住希望者が100人待ちともいわれる。まちの魅力を高めているのは、アーティスト・イン・レジデンスや移住支援、そしてサテライトオフィスプロジェクトなど、人材をコンテンツとした活動である。

人を呼び入れる地域の仕組みづくり

神山町内の古民家などをICT（情報通信技術）企業などに貸し出す「サテライトオフィスプロジェクト」は、2010年に始まった。NPO法人グリーンバレー（理事長：大南信也）は、都会から移住してくる社員の生活支援など、地域での受け入れ体制の充実に取り組み、2013年夏には10社（県外から9社、県内1社）がオフィスを開設した。

次世代型のワークスタイルを実現する大きな要因のひとつは、険しい山間地がテレビの「地デジ」化に対応するため、まちなかに整備された、光回線・高速インターネット環境である。

しかし、成功要因は、ハードだけではない。外の人を受け入れる地域の気風や仕組みが神山にはすでに培われていたのだ。

きっかけは、1990年の米国・ウィルキンスバーグ市と始めた国際交流にまでさかのぼる。当初は、何か面白いことをしたいという住民主体の試みだった。その後、徳島県が「国際文化村構想」を立ち上げたのをきっかけに、まちは「環境と芸術」という二本柱を打ち出し、住民主体でNPO法人グリーンバレーを設立した。そして、1999年以降毎年、外国人2人と日本人1人のアーティストが約3カ月間滞在・制作し、作品は神山に残していく方式の神山アーティスト・イン・レジデンス（KAIR）が行われている。当初は専門家が主導してアーティストの選定を行っていたが、芸術に対する住民の理解が深まるにつれ、グリーンバレーがその選定も行うようになり、住民とアーティストの距離はより縮まっていく。そして、制作滞在中の経済的な支援を行う父親役と、生活支援を行う母親役を住民有志が分担して担う「お父さん・お母さん方式」が自然と生まれた。

暮らしの情報発信

2000年代に入り、かつてIターン者などいなかった神山に、ついに「住みたい」というアーティストが現れた。以降、ぽつりぽつりとではあるが移住希望者が増えていく。画期的に移住希

元縫製工場をシェアオフィスにコンバージョンした「神山バレー・サテライトオフィス・コンプレックス」。分節した空間同士をつなぐよう大きなガラス面が設えられた。フリーアドレス制で、月会費は7,500円より。1日1,000円でゲストも利用可能（2013年11月現在）

前頁：築80年ほどの空き家を改修して、東京に本社を構える企業（プラットイーズ）のサテライトオフィスとなった「えんがわオフィス」の母屋部分（2013年竣工）。縁側は社員や住民の交流の場となっている

者を増やしたのは、総務省のICT利活用事業でつくったウェブサイト「イン神山」(制作:西村佳哲)の効果が大きかった。

KAIRやまちのイベント情報に加えて、空き家などの不動産情報を組み入れた。ロケーションや間取りを写真付きで紹介する「神山で暮らす」のコーナーは、ウェブサイト内でも圧倒的なビューワー数だという。紹介する物件探しや、オーナーと借り手の引き合わせもグリーンバレーが手がける。家賃収入があればよいという一般的な不動産契約ではなく、抽選など公平性の論理が働く行政主導でもない。NPOという住民目線で一緒に暮らしたい人(的資源)を積極的にあっせんできる仕組みが、ここでは大きな鍵となっている。

地域と移住者をつなぐデザイン

グリーンバレーはサテライトオフィスの運営も行う。そのデザインを手がけたのは、バスアーキテクツ(坂東幸輔、須磨一清、伊藤暁、柏原寛[2011～12年参加])。2010年、築100年以上の民家をSOHO「ブルーベーアオフィス神山」として改修したのが始まりで、その後、縫製工場からシェアオフィスへコンバージョンする「神山バレー・サテライトオフィス・コンプレックス」へと展開していく。

東京のウェブサイト制作会社は、社員の移住に先立ち、経営者やデザイナーやエンジニアなど十数名が、1週間ほど滞在・仕事をする実証実験を2回行った。その結果、ワークライフバランスを再考する好機となり、地域交流やよい出会いがあったとレポートされている。

バスアーキテクツは、まちの中心部にある寄井座(1929年竣工)という劇場の再生計画にも取り組む。東京藝術大学の学生らと現地でワークショップを行いながら、商店街全体を劇場に見立て、劇場機能をまちに分散していく配置計画を提案。その再生計画を東京で発表した際、寄井座の隣の空き民家をサテライトオフィスとして計画していたデジタルコンテンツ会社プラットイーズの目にとまり、同社の「えんがわオフィス」につながった。

2013年夏に竣工した「えんがわオフィス」は、大きなガラス面と縁側が特徴である。見知らぬ

[商店街全体を1つの劇場ととらえる]

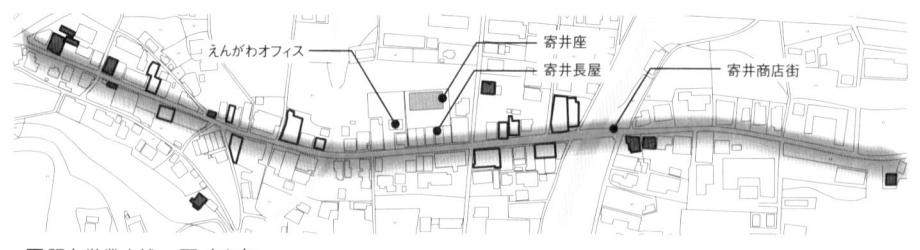

□ 既存営業店舗　■ 空き家

バスアーキテクツは寄井商店街全体を劇場に見立て、まちを活性化させる試みを提案。まちの中心部にある寄井座を再生し、楽屋やオフィス、カフェ、宿泊施設、大道具作業場、物販・倉庫など劇場をサポートする機能を点在させる

土地で仕事をしていくためには「過剰な透明性が有効」とバスアーキテクツの伊藤氏は見る。地域と移住者のインターフェイスのデザインなのだ。その甲斐あってか、地元住民から、野菜の差し入れなどが、オフィスに届くそうだ。利用者の心理や行動を適切に見立てた空間づくりが、地域貢献となる。バスアーキテクツは、建築家として今後も神山に継続的に関わりながら、神山らしい空間や生活スタイルを提案していく意向だ。

コンテンツは人

「KAIRでモノをつくり、それを広報・発信していくプロセスが自分たちの中に内蔵化され、DNA化して蓄積されてきた。KAIRだけではなくて、それを他の事業にも転用している」とグリーンバレー理事長の大南氏は分析する。アート、移住者支援、若者の雇用創出など多様な事業が関連し合っているが、目的は一貫して「人をコンテンツとした創造的」まちづくりといえる。神山で暮らす人の創造性が人を惹きつけ、多様なクリエイティビティと仕事を持った若者が移住することで、まちの未来の可能性を拡張している。ただし、どこでも同じやり方が通用するわけではなく、「まちに合ったふくらみ方が必要」と大南氏は言う。

総務省のICT利活用モデル事業でつくったウェブサイト「イン神山」。神山の暮らしも紹介する空き家情報「神山で暮らす」に、多くの訪問者がある

上：蔵を改修した「えんがわオフィス」内観。下：同外観（夕景）

DATA
活動主体：NPO法人グリーンバレー、バスアーキテクツ、西村佳哲（リビングワールド）
規模／拠点：グリーンバレー（理事＝8人、会員＝56人）／徳島県名西郡神山町
期間：2010年〜
デザイン対象：空き家、空き工場、劇場

[使いこなす　　　[KOREA　　　[2005-

工場街の昼と夜を使い分ける
ムンレ・アート・ビレッジ
韓国・ソウル市

4

[ソウルの中心地から車で30分ほどにあるムンレ地区は、かつて鉄鋼産業で一世を風靡した地域だ。しかし近年、工場の首都圏外への移転や跡地利用で高層マンションなどが建ち並び、まちの状況は一変した。そんな地域の片隅に、若いアーティストたちがアトリエとして使い始めることで週末は観光客が訪れ、空いている屋上が市民農園として使われるようになったりとまちが少しずつ変化を遂げている。]

再開発で取り残された鉄工所街

　ソウル市ムンレは1960年代より鉄工所が多く建設され栄えた地域である。1980年代を全盛に、90年代に入りソウル市の政策により工場が首都圏外へと移設されることにより再開発が行われ、工場跡地に大型ショッピングモールや高層マンションが立ち並んでいった。そんななか、工場の事務所機能が集積していたこの地区は空洞化し、鉄工所のみが残存する状況で取り残されていった。

タイムデザインで安価な拠点を構築

　そんなムンレ地区に2005年から、若いアーティストが安いアトリエを探し求めて身を置き始めている。ムンレ地区では現在でも1階部分で鉄工所が運営されているため、日中は加工に伴う騒音がひどく、上階では仕事にならない環境であるため、借り手がつかず空室状態が続いていた。しかし、多くのアーティストは自分たちのライフスタイルを柔軟に変化させることができる。鉄工所の営業が終わる午後5時ごろから出てきて、鉄工所が始まる翌朝8時に帰宅するといった活動の仕方で、この地にアトリエを構えることとなった。はじめは2カ所だったアトリエも、家賃が安いことや、室内を好きに改装できることなどが知られていくと、徐々に増えていき、2013年現在で100カ所以上のアトリエが存在している。

まちへとあふれ出すアクティビティ

　はじめは個々に活動していたアーティストたちが、連携してアートフェスティバルを開催したり、まちを案内するツアープログラムがつくられたりと、今までなかった外部からの人の流れが新たにつくり出されている。

　また、1階の鉄工所と連携して展覧会を行ったり、溶接技術を教わりながら新たな作品を制作するアーティストも現れ、また建物所有者とのつ

1階は鉄の加工場や鉄鋼置き場になっており、日中は騒音が激しく人通りも少ない

まちの外壁や鉄工所の扉が、この地域で活動するアーティストらの手によるペイントで彩られている

前頁：ムンレ屋上学校。ウォールペイントやオブジェなどの作品で彩られたり、屋上農園として活用されることにより、ゴミが散乱するなど荒れていた屋上が整備された

[昼と夜で空間を使い分け、空室が減少]

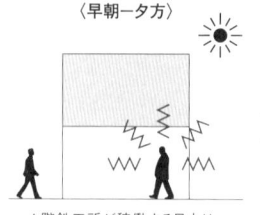

〈早朝—夕方〉　〈夕方—早朝〉

1階鉄工所　1階鉄工所が稼働する日中は、作業音が激しい　上階のアトリエは、鉄工所の営業が終わる夕方から稼働　アトリエに通じる階段

ながりができたことで建物壁面をイラストで彩ることができるようになったり、オブジェを置くことができるようになったりと、制作がアトリエの中だけではなく、地域にあふれ出してまちの景観にも変化が起こり始めた。

自己表現からコミュニティへ

2011年から建物の屋上で農園プロジェクトが行われることになると、今までこの地区に来ることがなかった周辺の高層マンション住民たちが定期的に関わるようになり、新たな交流が生まれ始めている。アーティスト、鉄工所の社長、地域住民などが協働して、コミュニティの場としての屋上農園を仕掛ける。

地域の環境も変わりつつあるが、そこに携わるアーティストの心境も同じく変化しているようだ。「安いから移ってくる→なぜ安いのか地域のことをもっと知りたい→何か自分にできることがあるのか考え始める、といった流れが生まれている」と、この地域に最初にアトリエを構えたイ・ショウジュウ氏は語る。彼自身、パブリックアート、コミュニティアートの作家を経てコミュニティビジネスを行う事業者へと変わっていった。

現在、屋上農園はただ農作業を行うだけでなく、参加者それぞれの専門スキルを提供し合う「ムンレ屋上学校」と称したプロジェクトへと活動を発展させ、より幅広い層の人たちが参画できる機会をつくっている。また、閉店した店舗を改装しコミュニティカフェを運営して地域の玄関口となる拠点を立ち上げる動きもある。自己の表現に没頭しがちなアーティストがアトリエの外へと活動拠点を広げているのだ。

寂れた地域にアーティストが入ってまちが変わっていく事例は世界にも多く存在しており、この地域もその1つといえるだろう。しかし、創造性の矛先がアトリエの中から地域へとシフトし、鉄工所や周辺住民と連携しつつ、意識的に地域をつなぎ開いていく、その広がりは、同様の問題を抱える多くの地域に勇気を与えるものだろう。

DATA

活動主体：個人で活動するアーティスト
規模／拠点：スタジオ100カ所以上／韓国・ソウル市ムンレ地区
期間：2005年〜
デザイン対象：空き物件が点在する鉄工所街

[「ムンレ・アート・ビレッジ」ツアーマップ]

2012年からスタートした「ムンレ・アート・ビレッジ」ツアー用のマップには、各アーティストの作品がプロットされている。右下には、写真撮影時は許可を取ること、制作の邪魔をしないことなど、見学時の注意事項などが明記されている。ここ数年アーティストが次々と集まってきたことにより注目を浴びたこの地域では家賃が高騰。一時期、中流地域のホンデ地区に比べて1/3～1/4程度にまで下落した家賃が、現在ではほとんど変わらない水準にまで上がってきているという

空き家を利用したアートショップ

コミュニティカフェ。地元の人や作家、観光客がふらっと立ち寄れる。「ムンレ・アート・ビレッジ」ツアーのスタート地点でもある

[使いこなす]　[SHIGA　[2004-

[受け継ぎ方をデザインする
とよさと快蔵プロジェクト
滋賀県犬上郡豊郷町

5

[滋賀県犬上郡豊郷町。中山道沿いのこのまちは、近江商人が残した立派な蔵や民家が数多く残っている。しかし近年、高齢化や少子化、都心への人口流出により、それらの建物も空き家となってしまっている。そんな空き家を改修し、新たな活用法を見いだすことで復活させ、地域の町並み・景観を守っていこうと、滋賀県立大学の学生たちが中心となって「とよさと快蔵プロジェクト」は始まった。]

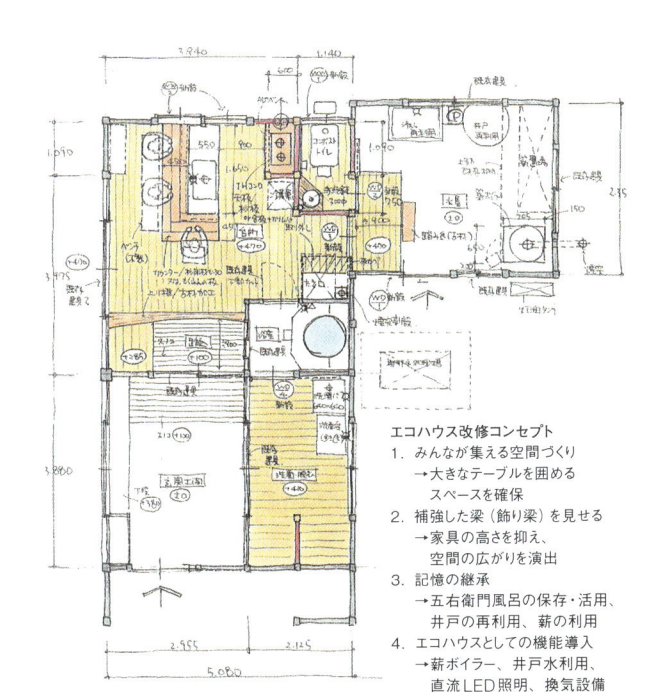

エコハウス改修コンセプト
1. みんなが集える空間づくり
　→大きなテーブルを囲める
　　スペースを確保
2. 補強した梁（飾り梁）を見せる
　→家具の高さを抑え、
　　空間の広がりを演出
3. 記憶の継承
　→五右衛門風呂の保存・活用、
　　井戸の再利用、薪の利用
4. エコハウスとしての機能導入
　→薪ボイラー、井戸水利用、
　　直流LED照明、換気設備

コミュニティハウス兼エコハウスとして改修された「礒部邸」1階平面図

吹抜けのトップライト

「礒辺邸」外観

望まぬ解体から新たな活用へ

2004年、滋賀県立大学で建築を学ぶ学生が地元NPO法人「とよさとまちづくり委員会」より築100年を超える民家の解体を手伝ってほしいと依頼を受けたことが、このプロジェクトのきっかけとなる。当時、約2,500世帯の暮らす豊郷町にこうした空き家が100軒以上も存在。なかには、保存を望む声はあったものの、やむを得ない事情で解体を余儀なくされた民家も少なくない。

このような状況にどうにかして歯止めをかけるために、空き家を活用することで解体せずに残せる方法がないかを検討。学生でチームをつくり、自ら古民家を改修するプロジェクトを立ち上げた。

メンバーは、滋賀県立大学で建築を学ぶ学生が多かったが、改修作業はずぶの素人。そこで、「とよさとまちづくり委員会」の協力のもと、改装工事が始まった。

補助金だけに頼らない資金づくり

民家1軒改修するとなると多大な費用がかかるため、行政や大学から補助金を受けることで資金を工面することとなった。しかし、それだけで

前頁：築80年の蔵をバーへと改修、運営も学生が担う「BAR タルタルーガ」（毎週土曜日に営業）。
学生と地域内外の人びととの交流のスペースになっている

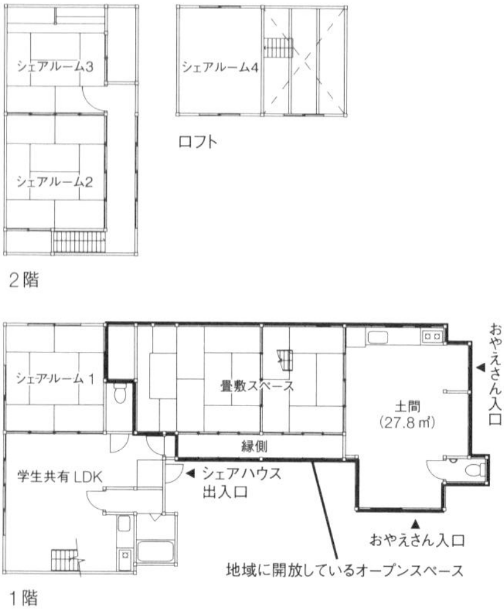

コミュニティハウス「おやえさん」。こたつを囲んでテレビを見たり、おしゃべりをする周辺住民たちの団らんの中に授業を終えて帰ってくる学生たち。世代間の交流もある、とても温かい空間が生み出される

「おやえさん」平面図

は補助金がなくなってしまうと事業を継続できなくなるため、建物改修後の用途を学生向けシェアハウスとし、その家賃収入を蓄積して、次の物件改修費用を捻出するという流れをつくっている。

2007年完成の「おやえさん」という物件は、学生たちのシェアハウスの一部を共用リビング兼周辺に住むお年寄りの憩いの場として開放し、コミュニティハウスとして活用されている。行政や大学から補助金を受けて改修、運営されているが、運営費向け補助金は期限付きのため、期限後の財源確保を見越してシェアハウスを併設させるかたちをとっている。

学年により変わる役割

学生たちが主体となる活動は、ある学年が卒業してしまうと活動自体がうまく回らなくなったり、その年によって進み具合が異なったりといったことがありがちである。

「とよさと快蔵プロジェクト」では、学生間での想いや役割をうまく引き継ぐことを重視し、学年が上がるにつれて、役割をこなす、役割を見つける、役割をつくる、というようにプロジェクトへの関わり方を変化させている。そのなかで、先輩は後輩にノウハウを伝え、楽しみながら活動できるようにサポートし、プロジェクトを引き継ぐ仕組みが構築されている。また一方で、地元に根ざし継続的に活動している「とよさとまちづくり委員会」は、流動的に入れ替わる学生を見守り、サポート役として1本の軸となっている。

シェアハウスに住むことを通して、プロジェクトへの思い入れを深めたり、蔵をバーにコンバージョンさせた「BAR タルタルーガ」を自ら運営し、働くことを通してプロジェクトへの関心を高めるなど、学生たちは地域住民との関係を深めている。

地域にとって、働く場所、住む場所、学ぶ場所、

[改修資金を循環させる]

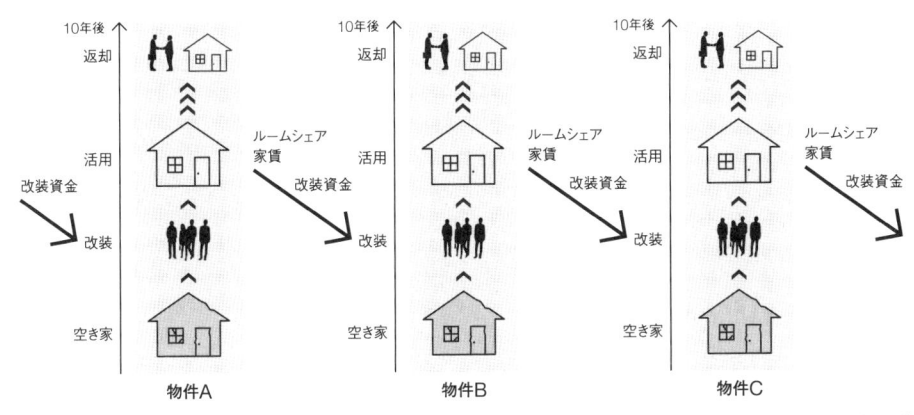

空き家をシェアハウスとして学生が使用し家賃を蓄積することで、次の物件の改修費用を捻出する。このプロジェクトで活用している物件は数十年空き家になっていてすぐには住めない物件であることが多く、管理費などの負担と期間後すぐに住める状態で返却することを条件に、「とよさとまちづくり委員会」が家主から、基本的に10年間無償で借り受けている

「とよさとまちづくり委員会」には地元の大工や電気業者など専門家がメンバーにいるため、学生たちは工事の指導やサポートを受けながら改修を行う

[プロジェクトを受け継ぐ]

4年生	今までの知識を踏まえフォローアップ	見守る
3年生	現状から必要な作業を見極め役割をつくる	実践力
2年生	作業を行うなかで役割を見つける	着眼点を養う
1年生	上級生の指示を受けて役割をこなす	慣れる

学年ごとに役割が決められており、主体は3年生。4年生はフォローアップを行う。滋賀県立大学では、「近江楽座」という学生主体の地域活性化プロジェクトを支援する仕組みがあり、「とよさと快蔵プロジェクト」も広報サポートやコンサルティング、工具や材料などの資金助成を受けている

交流する場所、すべてがこの「とよさと快蔵プロジェクト」を通してつくられてきた環境であり、無理なく日常的にプロジェクトに関わっていける機会が身近にいくつもちりばめられている。それこそが、持続的な活動をつくり出していくために必要なことなのかもしれない。

DATA

活動主体：学生（滋賀県立大学）、NPO法人とよさとまちづくり委員会
規模／拠点：約30人／滋賀県犬上郡豊郷町
期間：2004年〜
資金：文部科学省「現代的教育ニーズ取組支援プログラム」（平成16〜18年度）、滋賀県立大学スチューデントファーム「近江楽座」／まち・むら・くらしふれあい工舎（平成19年度〜）、事業収益（シェアハウスなど）
デザイン対象：空き家となった古民家

[使いこなす] [KANAGAWA] [2004-]

まちに新たな人の流れをつくる

ヨコハマホステルヴィレッジ
神奈川県横浜市

6

[日雇い労働者のまちとして栄えた横浜市寿町は、現在高齢化が著しい。今でも"危ない""怖い"といったイメージが残っているこの地域のなかで、眠れる資源である空き部屋を活用して、旅行者が宿泊できる安宿へとコンバージョンされている。新たな人の流れをつくり出すことにより、地域イメージの改善や住民と若者との交流が生まれ始めている。]

空き部屋を資源ととらえる

　地域に存在する数多くの空き部屋。そのままにしておけば何の生産性もなく価値のないものでしかないが、そこに手を加え、顧客ターゲットを変えることで活用できる資源となる可能性は十分にある。

　神奈川県横浜市寿町では数多くの簡易宿泊所が日雇い労働者の生活を支えてきたが、労働者の高齢化にともない、現在は2,000室もの空き部屋が存在する。この問題に対して、2005年から「ヨコハマホステルヴィレッジ（YHV）」と称して、空き部屋となっていた簡易宿泊所が旅行者が泊まれる安価な宿へとコンバージョンされ、この地域にネガティブなイメージを持っていない、外国人旅行者や若者たちをターゲットとして、地域に新しい人の流れをつくり出している。「危なくないですよ！」と発信したところで状況は何も変わらない。それよりも、次々に旅行者が泊まりに来る"状態"が生み出されることによって、寿町に対してステレオタイプなイメージを持っていた人たちに「地域が変わったのかしら」と内面からわき出てくるような意識の変化を起こす効果も出てくる。

　現在では約40の空き部屋が旅行者向けの宿として生まれ変わり、またまわりの建物も同様に旅行者向けの宿を始めるところも出てきたことで、年間延べ1万人以上の人びとが行き交う流れが生み出されている。またその変化によって安価な宿屋街としてのイメージが構築され、アートやまちづくり分野の人びとも関心を持ち始めたりと、徐々に地域の持つイメージが更新されつつある。

地域を単位に機能を補い合う

　簡易宿泊所には、3畳間の客室の他に、トイレ、シャワー、キッチンが共用スペースとして用意されているものの、利用者が集えるスペースがほぼ存在しないため、旅行者同士が交流する場もなく、またスタッフが対応できるスペースもない。そこで、建物とは別にまちの中に1カ所新たにスペースを設定し、旅行者がはじめに訪れる窓口をつくる。そこで旅行者はチェックインをして、

横浜市寿町に点在する40部屋を扱う「ヨコハマホステルヴィレッジ」のフロント

フロント奥は旅行者同士が交流できるラウンジとしても機能している

前頁：「ヨコハマホステルヴィレッジ」のフロント奥の壁面には、これまでに訪れたゲストたちのスナップ写真が貼られている

[建物所有者と協働し固定支出を抑える]

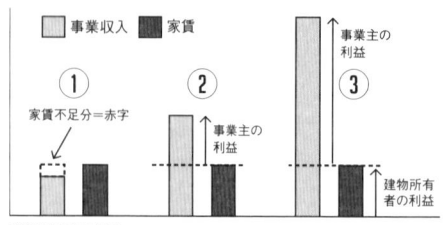

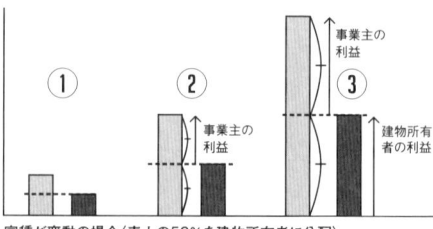

家賃が固定の場合　　　　　　　　　　　　　　　家賃が変動の場合（売上の50％を建物所有者に分配）

家賃を固定の額で借りる場合、事業収入が家賃を上回らないと事業主は赤字になってしまう（左図①）。また、事業収入が上がっても建物所有者の利益は変わらない（左図②③）。しかし建物所有者とホステル事業主とで事業収入を分配する契約を結べば、事業収入が低い場合でも固定費による赤字を抑えることができる（右図①）。事業主にとっても事業初期の負担を軽くすることができるし、事業収入が増えれば建物所有者の利益も増えることになる（右図②③）

各建物へと案内される。窓口機能と旅行者同士が交流できるラウンジ機能を持つこのスペースと、空き部屋となっていた簡易宿泊所を組み合わせることで、まるで地域を1つの大きな宿のように見立てることができる。機能的なメリットだけでなく、地域のイメージを培っていく上でも、地域を単位とした見立てはとても有効なアプローチである。

建物単体では活用できないような空間でも、まちを1つのユニットとしてとらえていくことで、使い方に広がりが増す。

運営のリスクを減らす

活動を持続していくために資金を捻出するのと同じくらい大切なのが、支出をいかに抑えていくかという点だ。支出を抑えるというのは当然のことだが、通常のやり方だけではなかなか難しい。

特に立ち上げ初期の売上げの少ない時期や収入が落ち込んでしまう時期に、支出をいかに抑えるかが持続的な活動体制を維持できる鍵になる。収入が家賃などの固定費を下回る状態になると危機的な状態となるため、固定費を非常に低い額に落としていくか、または事業が軌道にのるまでの十分な運転資金が必要になる。

YHVでは、建物所有者と協働して事業を行うかたちをとることで、変動費的扱いの支出を生み出し固定費をできる限り少なくしている。事業収入が上がれば、建物所有者側から見ても固定の家賃よりも高い利益を得ることができるし、事業主は活動自体に赤字のリスクを低減できる。

活動を持続していくには想いだけではうまくいかない。使われていない資源を活用しつつ、どのような相手とどのように組むべきか、工夫と試行錯誤が必要なのかもしれない。

DATA

活動主体：コトラボ合同会社
規模／拠点：6名／神奈川県横浜市中区寿地区
期間：2004年～
資金：事業収益（ホステル、レンタルスペースなど）
デザイン対象：地域で活用されていない空き部屋、地域のイメージ、人の流れ

[まちに散らばる空き部屋を1つのホテルに見立てる]

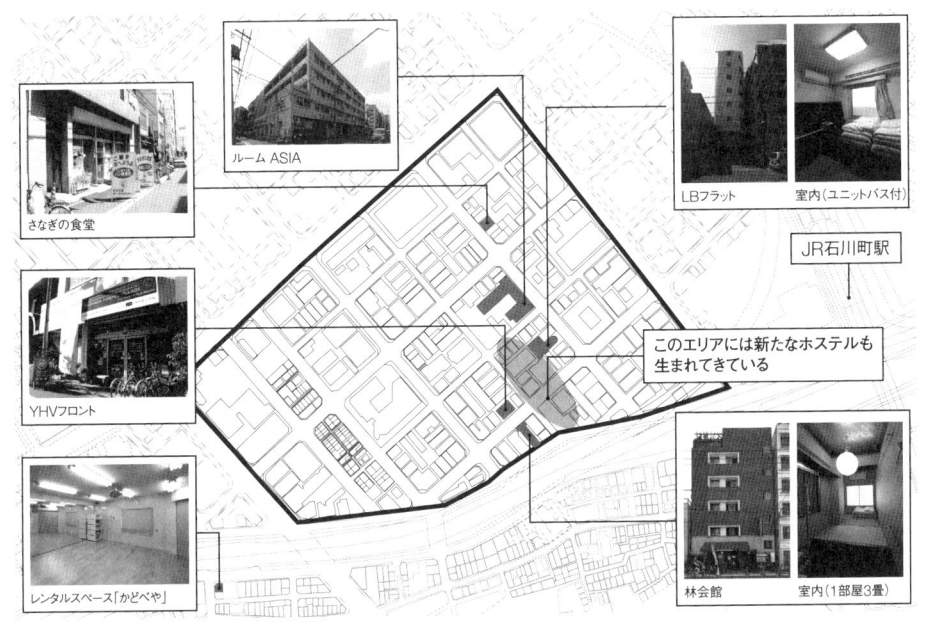

さなぎの食堂

ルーム ASIA

YHVフロント

レンタルスペース「かどべや」

LBフラット

室内(ユニットバス付)

JR石川町駅

このエリアには新たなホステルも生まれてきている

林会館

室内(1部屋3畳)

まちの中に1つのフロントを用意し、提携した部屋を紹介する。まち全体で1つの宿としての機能を形づくる。周辺には、格安な食堂やレンタルスペースなども誕生し、旅行者にも利用されている

「ヨコハマホステルビレッジ」周辺。戦後、日雇い労働者が集まった寿町には数多くの簡易宿泊所があったが、現在は空き部屋が増加

[使いこなす]　　[KAGAWA]　　[2005-]

[まち全体を1つの宿ととらえる
仏生山温泉・まちぐるみ旅館
香川県高松市]

7

[「仏生山温泉」は、香川県高松市の郊外住宅地の中にある日帰り温泉施設である。その温泉を核とし、宿泊棟やカフェなどをまちじゅうに離散的につくる「まちぐるみ旅館」構想が現在進行中だ。建築家・岡昇平氏らが生業として行うこの活動は、江戸時代から続く町並みを再生しつつ、新たな顧客層を周辺地域に誘引している。]

まちぐるみで来訪者をもてなす

　高松市仏生山町は、市の中心部から約5km南に位置する。江戸時代に建立された高松藩藩主の菩提寺「法然寺」の門前町として栄え、戦後は住宅街となった。近年では、市の中心地と空港を結ぶ幹線道路（レインボー通り）が敷設され、県内随一の大型店舗街がその道路沿いに出現し、ロードサイドの集客はめまぐるしく増加したが、高松琴平電鉄（ことでん）仏生山駅から法然寺へ続く商店街はシャッター街となりつつある。その旧市街地で旅館・宴会施設を営んでいた店主が温泉を掘り当て、2005年、日帰り専用の温浴施設「仏生山温泉」が誕生した。

　設計は建築家の岡昇平氏。このまちで生まれ育ち、大学で建築を学んだ後、みかんぐみに勤務していたが、現在は仏生山町で設計事務所を営みつつ「仏生山温泉」の番台を名乗る。つまり、家業を継ぎながら、設計活動を行っているのである。

　岡氏は、「自分がいかににやにやしながらこのまちで暮らしていけるか。そのために、まちをどうにかしようと思い始めた」[1]と言う。その一環として、温泉を核にしながらまちにさまざまな拠点を離散的につくる「まちぐるみ旅館」を掲げる。

　空き家となった住宅を転用した宿泊棟が2012年にオープン、第2号は昭和後期の民家を改修して2014年春に誕生する。今後も、時間をかけて施設を増やしていく構想である。「泊まった人が、ごはんを食べに来たらええわ」と言ってくれる近所の飲食店が増え、「お店をしている人が気持ちよく紹介し合える（岡氏）」ことに期待を抱く。「まちぐるみ旅館」は一事業者だけのものではなく、文字通りまちぐるみで来訪者をもてなす仕組みなのである。

自治力アップのチームづくり

　核となる「仏生山温泉」では地元の電鉄会社「ことでん」とともに、乗車券と入浴券をセットに

2005年にオープンした仏生山温泉のエントランス（夕景）。設計は、設計事務所岡昌平による

温泉施設の内外部を利用した「おんせんマーケット」は、誰もが出店できる。高松在住の有志5名程度で企画・運営をしている

前頁：中庭を囲むように露天風呂がある「仏生山温泉」。入浴中に読書をする人も多く見られる

041

した「うちわチケット」を販売したり、大晦日には、初詣の電車の時刻に合わせた集客イベントなども行う。これまで仏生山の旧市街には足を運ばなかった層に街道を歩いてもらうための仕組みづくりだ。市内で活動するデザイナーや生産者とともに、石けんやタオルなどの温泉グッズや食メニューの開発も行う。

また、温泉の屋外空間を利用した「おんせんマーケット」も行う。誰でも出店でき、近所の農家の作物や、手づくりの工芸品などが並ぶ。地産地消の経済循環を促すとともに、地元クリエイターのいわば見本市にもなっているのである。活動の中心となるのは5名程度だが、「組織はあえてつくらない」のが方針である。「枠に入ってない人が参加できなくなるから」と岡氏は言う。

新たな「ふるまい」を生む

まちぐるみ旅館を推進するためには、核となる「仏生山温泉」が魅力的であることが必要条件の1つといえよう。

38度の微炭酸泉が国内でも珍しい優良泉質であることに加え、中庭を囲むかたちで露天風呂を配置していることも滞留時間が長くなる要因といえる。そのため露天風呂内で読書をするなど、これまでにない光景が生み出された。

また、売店やフロント・休憩所が一体となった大空間は、多様な使い方を可能とさせる。たとえば、子ども向けの図書を集めた「なつやすみ書店」の開催、地域のお祭りなどである。

仏生山温泉を設計し、まちぐるみ旅館を構想する番台のはからいにのってみると、どうやら空間や施設の使い方に気づきが生まれるようだ。

フロント、ショップ、くつろぎスペースが一体となったスペースでは、おんせんマーケットや地域の祭(上)のほか、書店に絵本を並べる「なつやすみ書店」(下)など、季節に応じたイベントを企画している

地方都市のロードサイドエリアに、車ではなく「うちわチケット」を持って電車で赴く。道中、カフェに立ち寄ったり地元の商店で買い物をする。温泉に行き、ゆったり入浴しながら読書をする。まちを使いこなし、楽しむ仏生山独自のスタイルが育まれつつあるのではないだろうか。

その暮らしのスタイルに感応する人が集い、新たな活動や経済循環を生み出し、まちを更新していく。それが「仏生山温泉・まちぐるみ旅館」なのである。

註
1 「山崎亮ローカルデザイン・スタディ♯22」『Colocal』マガジンハウスウェブサイト

2011年にオープンした宿泊棟。もともと岡氏が住宅として設計したものを旅館に転用。温泉より徒歩5分程度で、非常時には管理者が駆けつけるという条件で、保健所の許可が下りた

地元の電鉄会社ことでんの乗車券と入浴券がセットになった「うちわチケット」。ことでんのゆるキャラと仏生山温泉のロゴをうちわにデザインしている。タオルは仏生山温泉のオリジナル。ともに岡氏のデザイン。ちなみにうちわは、香川県の特産品

[まちぐるみ旅館のコンセプト]

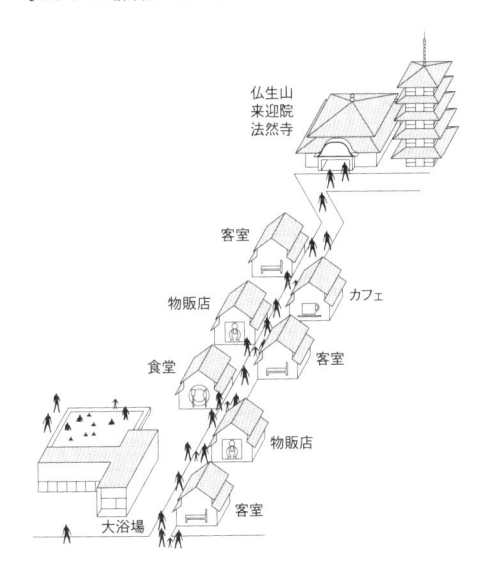

1 まち全体が旅館です。

客室棟、飲食棟、浴場棟、物販棟など、旅館としての機能がまちのなかに点在しています。旅館という建物はありません。まち全体が旅館です。道は廊下です。

2 誰でも参加できます。

まちぐるみ旅館に敷地の境界はありません。どこでも、誰でも参加できるオープンな取り組みです。

3 10年がかりです。

はじめは数棟から、毎年2～3棟ずつ増やしていきます。ゆっくりと時間をかけて、だれもが楽しいと思えるまちをつくります。

DATA

活動主体：仏生山温泉、設計事務所岡昇平
規模／拠点：活動の中心メンバーは5名程度。イベントの参加は誰でも可能／香川県高松市仏生山町
期間：2005年～　資金：自己資金
デザイン対象：温泉施設、空き家、イベント

[使いこなす] NIIGATA 2000-

廃校再生をきっかけに、地域と人を育てる

月影小学校再生計画
新潟県上越市

08

「月影小学校再生計画」は、少子化のため廃校となった新潟県浦川原村（現・上越市浦川原区）の小学校を改修し、利活用するプロジェクト。首都圏4大学の学生を中心に、住民とのワークショップを通じて、宿泊施設として2003年に再生された。完成後も10年以上にわたり学生による建築・空間づくりを通じた地域貢献と、活動を通じた人材育成という相乗効果を上げている。

廃校活用のプログラムを
地域とともに考える

　建築家・渡辺真理氏に廃校活用の相談が持ちかけられたことをきっかけに、法政大学（渡辺真理研究室）、早稲田大学（古谷誠章研究室）、日本女子大学（篠原聡子研究室）、横浜国立大学（北山恒研究室）の4大学による再生計画が2000年秋ごろから始まった。高齢化率50％の地域で廃校再生のプログラムをどうするか、その決定は「困難を極めた」（渡辺氏）という。4大学の学生有志30～40人が、全国にある廃校活用の事例をリサーチし、地元住民や行政とのワークショップを繰り返すなかで、農業体験ができる宿泊施設にコンバージョンすることになった。そこでは地産地消の食事を出し、地域住民の手で運営していくこと、そして地域文化をとらえ直す拠点として利用していくことなどが住民と学生の間での共通理解となった。

　コンバージョンにあたって、実施設計と設計監理は、4人の教員がNASA設計共同体というJVを結成し、外装（北山）、浴室（篠原）、教室棟1階（古谷）、同2階（渡辺）と分担して、4大学混成チームで行った。建設工事は、外壁ルーバーの穴あけやサイン制作など学生のセルフビルドで、小学生や住民も参加できるワークショップを設けた。そして、2003年春、宿泊施設「月影の郷」としてオープン。近隣地区のスポーツ団体の合宿や、都会の小学校の林間学校などに利用されるほか、グラウンドでサッカーをするなど、地元の人が主体的に利用する場となった。

空間づくりから、イベント企画まで
継続して関わる

　その後、3階を地域で使われてきた農機具や民具の展示場にしたいという要望が住民から持ち上がった。学生たちは農機具の使い方を映像に記録し、それを紙に出力しパラパラ漫画のようにして展示することを提案。廃校時に不要となっ

元教室を2つの宿泊室に分けてコンバージョン。ロフトを設け、最大7名が宿泊できる。スギ板を用いたヘッドボードも学生によるデザイン

2013年冬に行われた「かまくら交流フェスタ」。校庭に約500個の小さなかまくらをつくり、豪雪地帯の魅力を空間化

前頁：廃校となった小学校の元校舎を宿泊施設へと転用した「月影の郷」。外装のルーバーは、学生によってデザイン、セルフビルドがなされた。写真は月影地区の農業や文化を学習する宿泊体験の様子（小学生対象）

[10年間にわたる廃校利用プロジェクトの変遷]

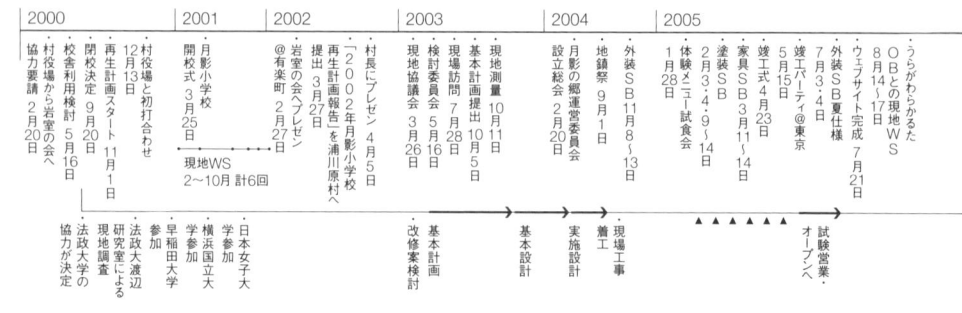

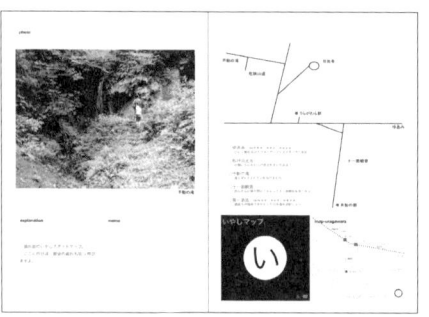

| 2000 | 2001 | 2002 | 2003 | 2004 | 2005 |

- 協力要請 2月20日
- 村役場から岩室の会へ
- 校舎利用検討 5月16日
- 再生決定 9月20日
- 村役場と初打合わせ 12月13日
- 再生計画スタート 11月1日
- 開校式 3月25日
- 月影小学校
- 現地WS 2〜10月 計6回
- 「2002年月影小学校再生計画報告」を浦川原村へ提出 3月27日
- 岩室の会プレゼン@有楽町 2月27日
- 村長にプレゼン 4月5日
- 現地協議会 3月26日
- 検討委員会 5月16日
- 現地訪問 7月28日
- 基本計画提出 10月5日
- 現地測量 10月11日
- 月影の郷運営委員会設立総会 2月20日
- 外装SB 9月1日
- 地鎮祭 9月1日
- 外装SB 11月8〜13日
- 体験メニュー試食会 1月28日
- 塗装SB 2月3・4・9日
- 家具SB 3月11〜14日
- 竣工式 4月23日
- 外装SB夏仕様 5月15日
- 竣工パーティ@東京 7月3・4日
- ウェブサイト完成 7月21日
- うらがわらかるたOBとの現地WS 8月14〜17日

- 法政大学の協力が決定
- 日本女子大 参加
- 横浜国立大 早稲田大学 参加
- 研究室による現地調査 法政大渡辺
- 改修案検討
- 基本計画
- 基本設計
- 実施設計
- 現場工事 着工
- 試験営業オープンへ

うらがわらかるた。地域の「宝」を紹介する、かるた形式のマップ。2005年に学生、地域住民がワークショップを行い作製した

3階民具展示室。学生のセルフビルドでつくられた

民具の使い方を表現したパラパラ漫画。展示台は小学校の机を再利用

た机の天板を積層した展示台などもデザインし、2012年に展示室がオープンした。

また、豪雪地のために冬期の施設利用が少ないことを解消するべく「かまくら交流フェスタ」を提案した。元の校庭に約500個の小さなかまくらをつくり、その中に灯りをともすイベントを2013年冬に開催し、盛況を博した。

学生と集落が関わる地域再発見の相乗効果

学生にとっては、実物の建物の改修や運営に関わることができる学習の場であり、そこに住む人が求めているものの確かさを体験できる貴重な場でもある。また、住民にとっては、地域の魅力を再発見するきっかけづくりや、伝統技術の伝承に一役買っているといえる。

たとえば、学生と住民がそれぞれに地域の「宝」を紹介し、四季折々の情景や日常の暮らしを伝える「うらがわらかるた」の制作や、小学生を対象とした藁網技術を伝えるワークショップなど、空間や生活に関するリテラシーを求められる建築教育を受けた学生ならではの発想といえるだろう。

「おじいちゃん、おばあちゃんが子どもたちに伝えることを、ものづくりを介して僕たちは手伝っている」と参加学生は理解している。その地域の

SB：セルフビルド　WS：ワークショップ　▲：学生会議・定例会議

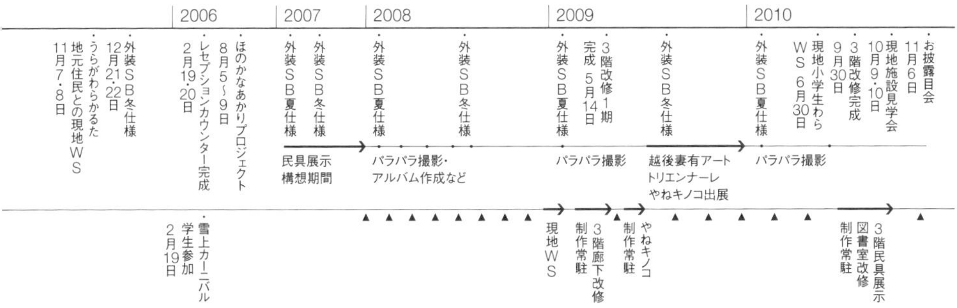

	2006	2007	2008		2009		2010	

11月7・8日 地元住民との現地WS
うらがわらかるた
12月21・22日 外装SB冬仕様
2月19・20日 レセプションカウンター完成
8月5〜9日 ほのかなあかりプロジェクト
外装SB夏仕様 民具展示構想期間
外装SB冬仕様
外装SB夏仕様 パラパラ撮影・アルバム作成など
外装SB冬仕様 パラパラ撮影
完成5月14日 3階改修1期
外装SB夏仕様 越後妻有アートトリエンナーレ やねキノコ出展
外装SB冬仕様 パラパラ撮影
WS9月30日 外装SB夏仕様
現地小学生わら 現地施設見学会 9月10日
3階改修完成 10月9日
お披露目会 11月6日

雪上カーニバル 学生参加 2月19日

現地WS
3階廊下改修 制作常駐
やねキノコ 制作常駐
3書民具展示 制作常駐
3書民具展示 図書室改修

地域の子どもとの交流「つなぐ壁プロジェクト」

有島商店街で「有島の大蛇」のお祭りを企画

名産品を展示する棚。「月影の郷」内の照明やサインもデザイン、制作している

文化や風土を具体的に表現しながら、次の世代に橋渡ししていく意義は大きい。

その効果が理解され、市からの助成が終了した2010年以降は、学生たちの交通費や活動費を施設運営の利益の中から賄っている。

まちなかへの活動展開

学生の活動は、施設内のみに留まらず、新しいまちのお祭りも企画・実施している。地区の中心にある有島商店街で、地域の特産「ヤツメウナギ」をヒントに「有島の大蛇」をデザイン。神輿のように担いで商店街を練り歩き、まちが活気を取り戻すきっかけづくりに貢献している。

10年越しのものづくりのプロセスのなかで、建築系学生と農村の創発が育まれている。

DATA

活動主体：法政大学（渡辺真理研究室）、早稲田大学（古谷誠章研究室）、日本女子大学（篠原聡子研究室）、横浜国立大学（北山恒研究室）、浦川原地区住民有志
規模／拠点：学生約200人（2000年より2013年まで、4大学合計）／新潟県上越市浦川原地区
期間：2000年〜
資金：浦川原村、上越市より委託（農水省やすらぎ空間整備事業）、宿泊施設「月影の郷」の収入
デザイン対象：廃校した小学校校舎、地域交流イベントの企画・運営

047

商店街に回遊性を生みだす

松原商店街バザール創造プロジェクト
神奈川県横浜市

商店街のシャッター通り化が全国的に進むなか、洪福寺松原商店街は、休日にもなると約2万人もの人びとが訪れるという。しかし、この商店街もかつてはその継続性が危ぶまれる状況にあった。新たな顧客を開拓し、活力を取り戻すためにはどうすればよいのか？　危機感を抱いた商店主たちと地元大学、行政が協働し、商店街の回遊性を高める空間づくりやイベントが試みられている。

ピンク色の旗を商店街に張りめぐらす

　横浜市保土ヶ谷区の最寄り駅から500mのところにある住宅地の中にもかかわらず、いつもにぎやかな商店街がある。「毎日がバザール」をキャッチコピーに、昼間は毎日歩行者天国、店舗前にはオーニングやパラソルが張り出され、商品は路上にあふれ出すようにディスプレイされている。休日には2万人もの人でにぎわい、1坪あたりの売上高が国内でも5指に入る、「濱のアメ横」とも呼ばれる洪福寺松原商店街である。

　しかし数年前は、商店街の存続が危ぶまれる状況にあった。店主や客の高齢化、そして建物の老朽化が進み、危機感を募らせた商店街の青年部が外部の支援を得るべく、神奈川県が公募していた「商店街・大学・地域団体パートナーシップモデル事業」に申請したことで、横浜国立大学と連携した「松原商店街バザール創造プロジェクト」が始まった。

　若い世代をどう集客するのかという課題に対し、学生および教員たちは商店主たちへのヒアリングやワークショップ、そして空間的なリサーチを行い、商店街組合、行政、地元住民らとともにディスカッションを続けてきた。この積み重ねの結果、道路の上に張られた天井旗の色を統一し、さらにその色を横断幕やのぼり旗、買い物かご等にまで展開するという方向性が浮かび上がった。洪福寺松原商店街のように十字路を骨格とした商店街は、人の回遊性を生み出しにくい。しかし、商店街全体に同色の天井旗を張りめぐらせば、訪れた人は中心部から外れた店舗の存在や商店街の構成を商店街のどこからでも一目で把握しやすくなる。あちこち行き来しやすい商店街は買い物時間が長くなり、売り上げも伸びる。また、旗や家具による空間づくりは、建築的な改修と比べてコストも抑えられ、商店街組合の定常経費で賄うことができ、継続的なリニューアルも期待できる。

　2009年12月に開催したバザール「松原交差点－cross for future」では、商店街の中央にある十字路を舞台に、ライブパフォーマンスや店主インタビューなどのイベントを行い、多くの

平日の様子。昼間は歩行者天国になっている

洪福寺松原商店街に見られる商品があふれ出すようなディスプレイは、デパ地下の店舗でも参考にされている

前頁：2009年の年末バザールの様子。ピンク色でデザインされた三角旗、のぼり、エコバック、パンフレット等により、商店街のイメージが一新。十字路ではストリートライブをはじめ、各店舗のタイムセール情報がアナウンスされる

近隣住民が訪れ足を止めた。また、商店街をめぐる食べ歩きや、ビールケースを積み重ねて休憩スペースをつくる空間づくりなど、商店街を回遊しながら楽しめる企画は、「大型スーパーとは違って、お店の人との会話やコミュニケーションが楽しめる」といった評判を生んだ。

新しい顧客を開拓する「ナイトバザー」

この商店街は、夕方6時になるとほとんどの店舗のシャッターが下りてしまう（体力が持たないという、高齢の商店主の声もあってのことだが）。しかし、東日本大震災の被害を受けた気仙沼の商店主への復興支援として、6時以降に店舗の軒先を被災した商店主に提供し、気仙沼の物産を販売する機会を設けたところ、普段は見かけない若者や子どもが数多く、商店街を訪れた。

この出来事をきっかけに、現在は年に2回ほど「ナイトバザー」を企画。各店舗や近隣の町内会、学生たちによる夜店のほか、地元のプロサッカーチームが企画したゲームコーナーなど、来訪者が楽しめる仕掛けを商店街の隅々にまで設けることによって、商店街を行ったり来たりしたくなる回遊性を生み出している。新規住民の子ども連れの他、30〜40代の女性なども数多く見受けられ、その後、商店街の顧客として定着しているという。

商店街の魅力や秩序を可視化する

大学が協力したこれらのバザール創造は一定の成果を見せているが、実は、商店街が持つバイタリティや特徴を整理して可視化し、反復することによって回遊性を意識化させたにすぎない。洪福寺松原商店街は、もともと各店主が独自の工夫を重ねてきた商店街で、時にはデパ地下の担当者が視察に来ることもあるくらいだ。商店街を構成する十字形の各方向で客層が異なることを逆手にとって、1人のオーナーがターゲットの異なる2つの店舗を構えたり、路上にあふれ出すディスプレイの各方向からの見え方を工夫している。つまり、この商店街は、もともと店主の工夫あふれるストリートなのである。その魅力的な混沌の中に、全体の秩序を可視化し、よりバザールのためのにぎわいの骨格を強めようとしたのが「松原商店街バザール創造プロジェクト」なのだといえる。

[プロジェクト関係図]

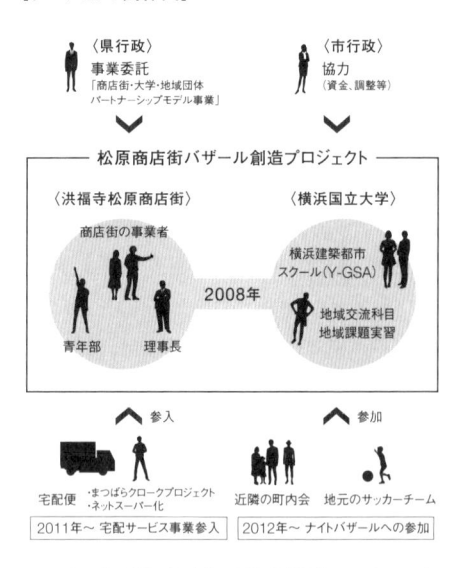

2008年に神奈川県「商店街・大学・地域団体パートナーシップモデル事業」として商店街と大学との連携が始まり、4月に「松原商店街バザール創造プロジェクト」が立ち上がった。2011年8月から宅配業者との事業、2012年からは近隣町内会や地元サッカーチームも参加するナイトバザールが始まった

[回遊性を生むツールやイベントのマップ]

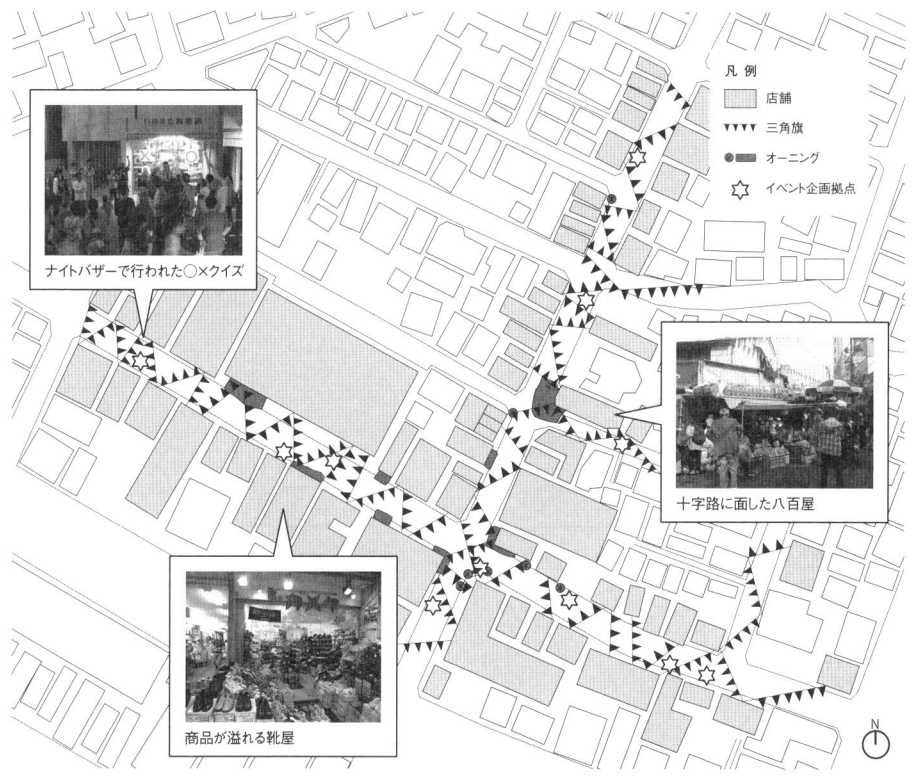

洪福寺松原商店街は十字路が多く、訪れた人の回遊性を計画するのが非常に難しい。これまでは店舗の安売り競争によって、来街者を回遊させる状況になっていたが、それを後押しするように、道路上空に三角旗を張りめぐらし、細い路地にまで来街者を誘導するようデザインしている

DATA

活動主体：洪福寺松原商店街、横浜国立大学
規模/拠点：商店街組合員（約80名）、学生（毎年5〜6名）
期間：2008年〜（2週間に1度、学生が商店街にて活動）
資金：商店街組合の定常経費。大きなイベントについては市や県からの補助金を受けることもある。教育成果に関わるアウトプット費については大学が補助
デザイン対象：三角旗、のぼり、エコバック、パンフレットなどの各種ツール、ナイトバザールなどの各種企画

ナイトバザーは年に2回ほど行われ、子供連れの若い世代も多く集まり、露店やゲーム企画が路上で催される

[使いこなす]　　[TOKYO]　　[2011-]

田舎と都会をつなぐ日替わりカフェ

洗足カフェ
東京都目黒区

10

千葉県南房総市と東京都目黒区洗足。この2つの地域をつなぎ、双方を活性化させようという試みがある。南房総の川や山に都会っ子が集まり、体当たりで生き物の世界について学んでいる。また、洗足では南房総の農家が育てた無農薬・減農薬の野菜を半分素人の日替わりシェフが得意料理にして、地域の人びとに提供している。これを実現したのは、「日替わりオーナー制」という仕組みであった。

二地域居住を目指したモノ・コト・ヒトが行き来する仕組み

2011年、NPO法人南房総リパブリックは、都心に近い田舎である千葉県南房総の魅力を東京に住む多くの人に知ってもらいたいとの想いを共有する人たちによって結成された。人口減少や耕作放棄地の増加などの問題を東京に住む人が週末南房総暮らしをすることで解決できないか。また、都心の子育て世代にも南房総の自然の中での子育ては魅力的であるため、南房総と東京は相互の想いが補完し合う関係なのではないか。ゆくゆくは二地域居住の推進を視野に入れ、まずは南房総の魅力を知ってもらう活動を2011年夏から開始した。

南房総の魅力を知ってもらう二地域交流の活動は、モノ・コト・ヒトが相互に行き来する関係を目指している。たとえば、東京から南房総へ「行く」のは主に「ヒト」。南房総の自然を学ぶ里山学校や、農業体験をする農家訪問ツアーを行っている。南房総から東京へ「来る」「モノ」や「ヒト」は主に野菜、そして農家。またワークショ

[南房総と洗足の二地域交流]

―― 洗足カフェ[都会] ――　　　　　　　　　―― 南房総[田舎] ――

都会から南房総へ

農家さん出張カフェ 　　南房総の野菜販売　　　南房総から都会へ　　里山学校 　　「つくるハウス」建設

南房総の野菜を使った日替わりカフェ 　　里山レクチャー 　　　　　　　　　　農業体験 　　農家訪問

前頁:「洗足カフェ」は代官山朝市(代官山T-SITE)にも出店。南房総の野菜を販売した

プという「コト」を都内と南房総で行い、南房総に「つくるハウス」という拠点をつくった。そして、「洗足カフェ」はこの仕組みの一端を担う東京の拠点として、NPO結成と時期を同じくして構想がスタートした。

東京の拠点：日替わりオーナー制の洗足カフェ

　2011年、NPOの結成を準備している当初から、コミュニティカフェをつくろうというアイデアが湧きあがった。NPOメンバーの多くの事務所が集まっている洗足にはまちの人が気軽に入れるカフェがない。南房総の魅力を伝える拠点であるだけでなく、洗足のコミュニティの場にもなるカフェをつくりたい。しかしメンバーの誰もが飲食業経験もなければ建築設計などの本業で多忙である。カフェをやることなどできるのだろうかということが大きな壁であった。そこで注目したのが、週1日だけカフェをやりたい人を集めて1つの箱をシェアする「日替わりオーナー制」であった。

　南房総リパブリックが店舗を借り、内装等開業の準備をしてカフェとしての箱を整え、本部として箱の運営を行う。家賃、水光熱費、共通する飲料や調味料の仕入れは本部が行う。曜日担当の日替わりオーナーは、月額25,000円（月～金）もしくは30,000円（土日）の使用料を払い、初期コストなしで自分のお店を週1回出すことができる。将来カフェをやってみたい人が本業をやめずに週1回から自分のカフェを試すことができる場でもある。日替わりオーナーを募集してみると、地域のコミュニティに貢献したいからカフェをやりたいというコミュニティカフェ志向の人が多かった。そして、南房総との二地域交流にも賛同し、それぞれの料理に合わせて南房総の野菜を利用している。

セルフビルドによる空き店舗の再生

　洗足カフェの場所となったのは、シャッターが下りている店も多い駅前商店街の一角にある築40年を越える木造2階建ての建物であった。以前オフィスとして使っていたが空いていたこの建物のオーナーがコミュニティカフェの趣旨に賛同し、期間限定で格安に賃貸してくれることになった。ほとんど資金がないなか、設備工事以外はメンバーと知人によるセルフビルドで行った。既存の内装を再利用できるところは極力再利用しネットで極力安いものを探し、初期コスト180万円でオープンにこぎつけた。

　オープンしてみると、地域特性から想定した通り赤ちゃん連れの母親グループや元気な高齢者の利用が多い。また、それぞれのオーナーが多様なワークショップを企画し、食事をする場所から活動をする場所へと用途が広がってきている。洗足カフェの日替わりオーナーやお客さんが南房総へ農家訪問する機会も増え、洗足カフェを窓口に南房総との交流が進んでいる。

DATA

活動主体：NPO法人南房総リパブリック
規模／拠点：NPOのメンバー16人（うち6人がカフェ運営に携わる）、日替わりオーナー9人／東京都目黒区洗足
期間：2011年〜
資金：約180万円（初期コスト）
デザイン対象：都市と田舎の交流プログラム、洗足カフェ

[日替わりオーナー制の仕組み]

本部と日替わりカフェオーナーの役割

<table>
<tr><td rowspan="3">洗足カフェ本部の役割</td><td>店舗立ち上げ時</td><td>
・箱の運営としての事業計画の立案
・建物所有者との賃貸契約
・店舗内装の計画
・保健所との協議、営業許可の取得
・工務店への工事の発注
・セルフビルド工事の実施
・什器・備品の調達
・厨房機器の調達
・資金の調達および出資
・ホームページの作成
・日替わりオーナーの募集
・日替わりオーナーのルールづくり
・近隣への説明、苦情への対応
・共通メニューの立案
・共通飲料、調味料の仕入れ先の検討
</td></tr>
<tr><td>店舗運営時</td><td>
・備品の発注、購入
・共通飲料、調味料の発注、購入
・共通食材の発注、購入
・家賃の支払い
・公共料金、業務用ゴミ処理費用の支払い
・日替わりオーナー使用材料チェックシートの集計
・お菓子等委託販売チェックシートの集計
・日替わりオーナーへの請求書の発行
・ホームページの更新
・新規オーナー、イベントでの利用者への説明、立ち会い
・その他、問題が生じたときの対応
</td></tr>
</table>

<table>
<tr><td rowspan="2">日替わりオーナーの役割</td><td>立ち上げ時</td><td>
・自分のお店の屋号、コンセプト、メニューの開発
・ホームページへの素材提供
</td></tr>
<tr><td>運営時</td><td>
・担当曜日のカフェの運営
・日報（兼使用材料チェックシート）の記入
・委託販売チェックシートの記入
・閉店後の清掃
・使用料、備品、調味料、食材費の支払い
</td></tr>
</table>

本部と日替わりカフェオーナーの関係

建物所有者　自治体ほか　工務店　食材、飲料、備品仕入先

↑　　　↑　　　↑　　　↑
家賃　公共料金　工事費　（各種契約、支払い）

洗足カフェ本部

↑　　↑　　↑　　↑
（カフェ使用料、備品、共通食材実費等支払い）

日替わりカフェオーナー

にちようカフェ mamo　だいにこ　HOME.cafe　洗足デリ

カフェとして使える箱を、洗足カフェ本部が整え、日替わりカフェオーナーは使用料を払ってお店を出している

洗足カフェ使用料　［単位:円］

	昼9:00～18:00 （仕込み6:00以降）	夜19:00～23:00
月～金（1曜日月額）	25,000	23,000 ※
土日（1曜日月額）	30,000	28,000 ※
1回利用料		7,000

※昼のオーナーが連続して使用する場合、5,000円引き

・使用料に含まれるもの
家賃、水道・光熱費、電話代、ゴミ処理代、初期コスト

・追加で必要な費用
修繕費3,000円／月、共通食材使用料、備品使用料（実費）

[日替わりカフェ事業収支]

初期コストの内訳と資金調達　［円］

初期コスト内訳

工務店工事	1,090,250
（ガス工事、電気工事、エアコン設置、間仕切り設置、カウンター造作）	
セルフビルド材料 （塗料・フローリング）	91,426
厨房機器、什器・備品、調理道具、食器 等	611,943
工事期間家賃	35,000
合 計	1,828,619

資金調達内訳

プロジェクト代表からの貸与	1,500,000
メンバーからの貸与	100,000
協賛金	275,000
合 計	1,875,000

本部運営コスト（2012年5月実績）　［円］

支出

店舗家賃	70,000
事務スペース家賃	13,000
電気代	22,008
ガス代	5,429
水道代	5,012
ゴミ処理費用	6,878
初期コスト返済	45,500
スタッフ交通費	18,980
スタッフ人件費	65,970
協賛割引の補てん	12,550
調味料代	11,100
備品代	29,265
南房総野菜、米代	136,294
ドリンク材料代	56,697
合 計	498,683

収入

カフェ使用料	
昼	185,000
夜	104,000
オーナー実費負担分	
調味料代	11,100
備品代	29,265
使用材料代	167,067
合 計	496,432

[使いこなす]　[IWATE　　[2011-

住まい手とともに住環境を点検する
住環境点検ワークショップ
―岩手県釜石市―

11

2011年3月11日の東日本大震災後、新たな仮設住宅の試みとして「コミュニティケア型仮設住宅」が岩手県に建設された。向かい合う玄関や屋根付きデッキという空間計画だけでなく、入居後のコミュニティのマネジメントも行われている。建物の完成後も「平田公園仮設まちづくり協議会」や「住環境点検ワークショップ」を通じて、計画者が住まい手と一緒に住み心地のよい空間を目指す活動である。

立場の異なるステークホルダーが
話し合う場をつくる

　震災で住まいだけでなくコミュニティも失ってしまった人は多い。そんななか、住民コミュニティのスムーズな形成を目指した「コミュニティケア型仮設住宅」が東京大学と岩手県立大学の研究チームの提案により建設された。

　研究チームにはまちづくり、地域看護、建築などさまざまな分野のメンバーがいるため、住民のコミュニティマネジメントとそのサポートの重要性が計画中から考えられていた。そのため空間計画だけでなく、「平田公園仮設まちづくり協議会」と「住環境点検ワークショップ」などのコミュニティ活動が行われている。

　釜石市の「コミュニティケア型仮設住宅」は総戸数240戸の大きな仮設団地で、10店ほどの仮設商店街と高齢者等の生活支援のためのサポートセンター、診療所が設けられ、さらに道を挟んだ隣地には別の仮設団地もある。この仮設団地には多くのステークホルダーがいるため、生活に関わる課題や情報を共有し、一緒に解決策を考える場が必要であった。入居が始まってから研究チームや行政のサポートにより準備組織が立ち上げられ、自治会設立後に「平田公園仮設まちづくり協議会」が発足した。2週間に1度のペースで連絡会議が開かれているほか、協議会主催で住民親睦のための季節の行事や防災訓練などさまざまな活動が行われている。

住環境の不具合を
住民同士で分かち合う場をつくる

　「住環境点検ワークショップ」とは、簡単にいうとまち歩きの仮設団地版である。同じ市内とはいえ仮設団地の周辺や仮設団地内のことをよく知っている住民は限られる。また、仮設住宅は何かと不具合や住みにくい点が多く、そのことを他の人に相談しなかったり気づいていなかったりする住民もいる。そこで研究チームがファシリテーター役となって住民から参加者を集い、仮設団地の内外を一緒に歩き、課題の報告と意見交

仮設住宅の不具合やよいところについて意見を交換する

研究チームのファシリテートのもと、生活に関わる課題や情報を共有

前頁:「住環境点検ワークショップ」の様子。釜石市平田第6仮設団地は、商店街やサポートセンターなどを併設し、生活の場となることを目指している。玄関が向かい合うように住棟を配置し、住民が顔を合わせる機会を増やしている

路地に屋根付きデッキが敷かれたケアゾーンは、歩行が難しい高齢者や障害者なども安心して生活できるよう配慮されている

仮設まちづくり協議会の体制イメージ

仮設商店街：事業所／商店／事業所／商店
住宅自治組織：自治会／自治会
サポートセンター：介護事業者／医療法人／母子支援団体

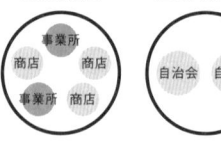

外部支援組織
釜石市関連課／地区センター／岩手県復興局／社会福祉協議会／NPO・NGOネットワーク／東京大学・岩手県立大学

換を行うワークショップが開かれた。

　ワークショップでは、たとえばある参加者から「収納が少ないので行政にどうにかしてほしい」という意見が出されると、簡単な棚のつくり方を教えてくれる別の参加者がいて解決したりする。課題は参加者と相談しながら、行政にお願いすべきものと住民自身で解決できるものに整理される。それをもとに研究チームがレポートを作成し、住民向け報告会が開かれ、行政に提出するのである。ファシリテーターには参加者に自由に発言してもらう雰囲気づくりと、賛成意見も反対意見も参加者で共有できる場づくりが大事だという。さまざまな意見を持った人がいるということを認識し合うことも大事なのである。

マネジメントのデザイン

　「平田公園仮設まちづくり協議会」や「住環境点検ワークショップ」の効果は、直接的な居住環境の改善の他に、次の2点が挙げられるのではないか。

　ひとつは住民と行政の効率的な情報共有である。仮設住宅の課題などは個人で行政に要望しても受け入れられにくく、住民の総意であるほうが容易だ。逆に行政の立場としても、整理された要望のほうが対応しやすいだろう。

　そして、もうひとつは住民の自治意識の向上である。特に「住環境点検ワークショップ」では住民1人ひとりが互いを知るきっかけとなり、個人の課題から団地全体の課題まで確認することができる。すると団地の一員であるという意識が生まれ、住民の中に目に見えないつながりが生まれてくる。さらにワークショップで汲み取られた要望に行政が応え、たとえば団地内の舗装範囲を広げる工事が行われると、参加者に達成感が生まれる。このような積み重ねがバラバラになったコミュニティをつなぎ直し、みんなで生活するという積極的な姿勢になっていくのだろう。

　「コミュニティケア型仮設住宅」では、空間のデザインからマネジメントのデザインまで連続して行われている。空間計画でもさまざまな試みがなされているが、建物の完成で終わりではないと認識したうえでの入居後のマネジメント活動なのだろう。仮設住宅でなくとも、竣工後に住まい手や使い手にとって建物の価値が高まるようなサポートが計画者に求められるのかもしれない。

住

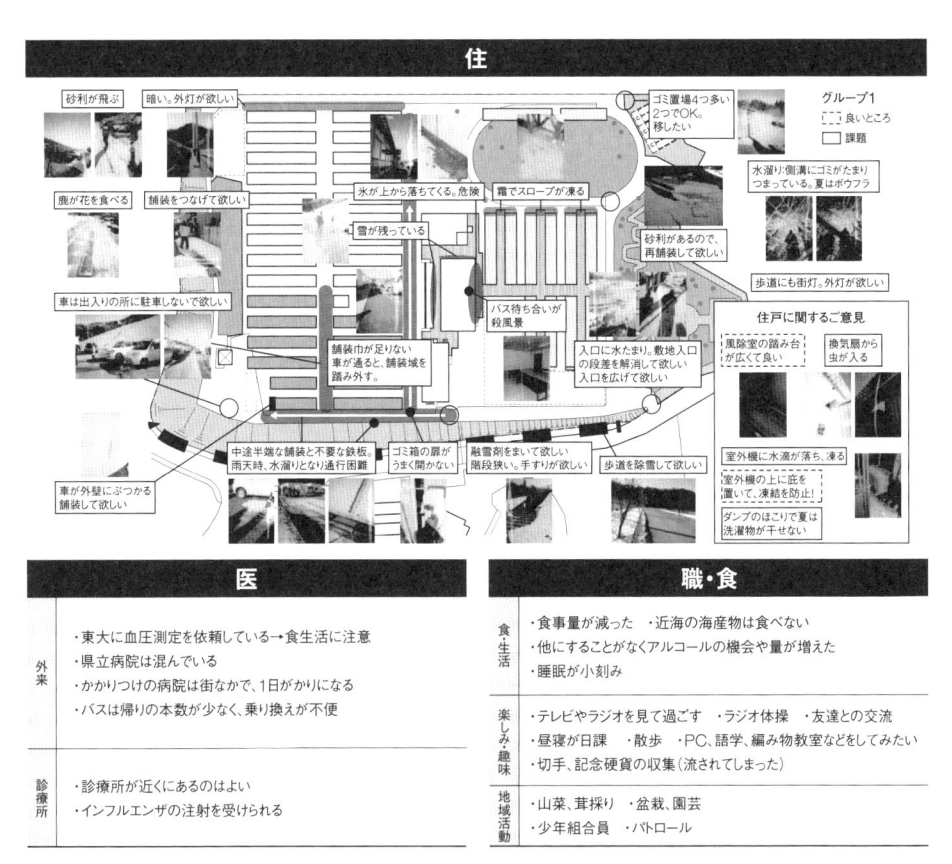

グループ1
□ 良いところ
□ 課題

- 砂利が飛ぶ
- 暗い。外灯が欲しい
- ゴミ置場4つ多い 2つでOK。移したい
- 鹿が花を食べる
- 舗装をつなげて欲しい
- 水が上から落ちてくる。危険
- 霜でスロープが凍る
- 水溜り側溝にゴミがたまりつまっている。夏はボウフラ
- 雪が残っている
- 砂利があるので、再舗装して欲しい
- 車は出入り口の所に駐車しないで欲しい
- 歩道にも街灯。外灯が欲しい
- バス待ち合いが殺風景
- 舗装巾が足りない 車が通ると、舗装域を踏み外す
- 入口に水溜まり、敷地入口の段差を解消して欲しい 入口を広げて欲しい

住戸に関するご意見
- 風除室の踏み台が広くて良い
- 換気扇から虫が入る
- 室外機に水滴が落ち、凍る
- 室外機の上に板を置いて、凍結を防止！
- ダンプのほこりで夏は洗濯物が干せない

- 中途半端な舗装に不要な鉄板。雨天時、水溜りとなり通行困難
- ゴミ箱の扉がうまく開かない
- 融雪剤をまいて欲しい 階段狭い。手すりが欲しい
- 歩道を除雪して欲しい
- 車が外壁にぶつかる 舗装して欲しい

医

外来
- 東大に血圧測定を依頼している→食生活に注意
- 県立病院は混んでいる
- かかりつけの病院は街なかで、1日がかりになる
- バスは帰りの本数が少なく、乗り換えが不便

診療所
- 診療所が近くにあるのはよい
- インフルエンザの注射を受けられる

職・食

食生活
- 食事量が減った ・近海の海産物は食べない
- 他にすることがなくアルコールの機会や量が増えた
- 睡眠が小刻み

楽しみ・趣味
- テレビやラジオを見て過ごす ・ラジオ体操 ・友達との交流
- 昼寝が日課 ・散歩 ・PC、語学、編み物教室などをしてみたい
- 切手、記念硬貨の収集（流されてしまった）

地域活動
- 山菜、茸採り ・盆栽、園芸
- 少年組合員 ・パトロール

住環境点検ワークショップをもとに研究チームが作成したレポート。「住」「医」「職・食」のテーマごとに住民たちの声を共有する

■改善アイデアを住民で共有
冬季、室外機のファンが庇からの水滴で凍ることがある
→ 室外機の上に簡易な雨除けを設置している住戸の事例をワークショップで確認。つくり方などを教え合う。

■行政対応で改善されたポイント
① 団地入口の道路の段差 → 舗装し直して解消
② 駐車場横の排水口が詰まって、雨の日の歩行が困難になる → 雨水排水口の取り替え工事
③ 団地中央部南北道路の舗装と砂利の段差
→ 舗装し直して範囲が拡大

DATA

活動主体：平田公園仮設まちづくり協議会（自治会、仮設商店街、岩手県、釜石市、サポートセンター、東京大学、岩手県立大学など）

規模／拠点：20人／釜石市平田第6仮設団地

期間：2011年12月〜（2週間に1度の連絡会議、月に1回程度の各種イベントなど）

資金：約500万円（「新しい公共の場づくりのためのモデル事業」の助成金や訪問者の寄付で構成）

デザイン対象：ワークショップ、施設団地のマネジメント

COLUMN

建築行為の社会背景

森田芳朗

膨らむ余剰ストック

　改めて指摘するまでもなく、いま日本の建築社会にとって喫緊の課題のひとつは、膨らむ余剰ストックとどう向き合うかである。住宅を例にとれば、数の充足が果たされてすでに半世紀近くが経つ（図1）。終戦直後に抱えた420万戸の住宅不足は、高度経済成長の追い風のなか、総住宅数が総世帯数をようやく超える1968年に解消された。この年は、年間の新設住宅着工戸数がはじめて100万戸の大台を突破した年でもある。他国に類を見ないこの建設ペースはその後もおおむね勢いを落とすことなく、住宅と世帯の数の差は一方的に開き続けている。これを1世帯あたり平均1.15戸（2008年）の住宅がある豊かな社会と楽観視することもできようが、差し迫るのは13.1%（2008年）もの空き家が全国に発生している現実である。

縮むフロー市場／
減少するストックの後継者

　およそこの半世紀、日本の住宅産業を牽引してきたのは、30代から40代前半を中心とする住宅取得者層の強い新築持ち家志向である。しかし、最後の山となる団塊ジュニア世代がこ

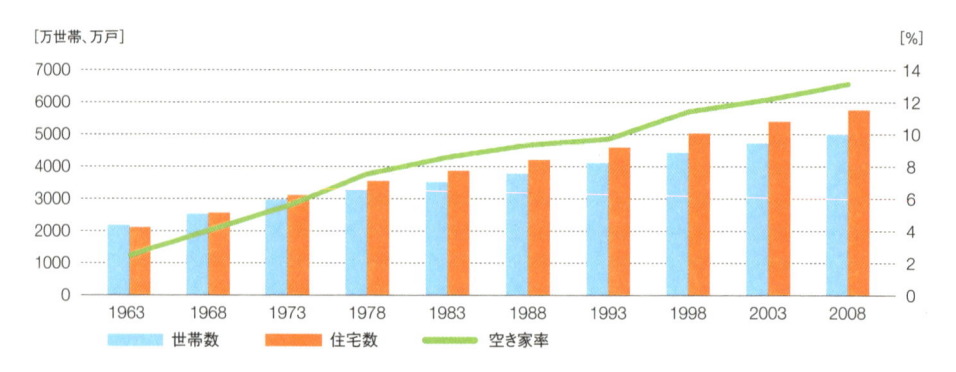

図1　世帯数、住宅数、空き家率の推移　（「住宅・土地統計調査」「国勢調査」をもとに作成。1963、68年は沖縄県を含まない。なお、全都道府県で住宅数が世帯数を上回ったのは1973年のことである）

の住宅購入適齢期を通り抜けるのは時間の問題である（図2）。また、新築や持ち家に必ずしもこだわらない価値観が、若い世代を中心に広がりつつある。こうして縮むフローの市場をどう補っていけるか。また、人口に次ぎまもなく世帯数も減少に転じるなか、これまで全国に形成されたストックは次世代にどう受け継がれていくか。産業の問題として、また社会の問題として、私たちはかつて経験したことのない局面を迎えている。

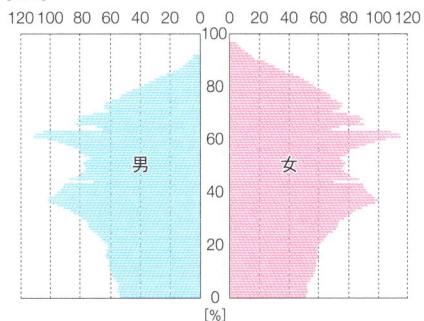

図2　人口ピラミッド（2010年）（「国勢調査」（平成22年）をもとに作成）

建築の仕事の枠組みを拡張する

「フローからストックへ」の転換が叫ばれて久しいが、実際の市場はどう動いているか。図3は、建築分野全般における新設工事と維持・修繕工事の額の推移を示したものである。際立つのは、この20年間に半減した新設工事の額である。一方、維持・修繕工事の額は緩やかな増加傾向にあり、全工事高に占める割合も11.9%（1990年）から30.3%（2011年）にまで上昇した。まずはこの再生市場を整えることが産業としての建築の生命線となろうが、ただしそれだけでかつて新築市場が担ったボリュームを補えるかは不透明である。

ストック活用の場面には、従来の建築の仕事からは漏れ落ちてしまいがちだった生活やコミュニティ、まちや社会を相手にした新しい仕事が眠っている。今後必要なのは、建築の仕事の枠組みを拡張するそうした仕事と結び付きながら、新しい産業の芽を育てることだろう。本書で扱われているのは、そうした仕事の萌芽である。

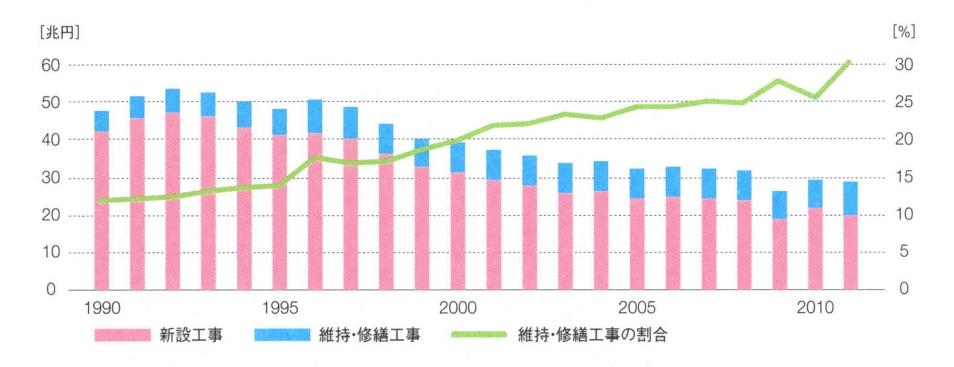

図3　建築分野における元請完成工事高と維持・修繕工事の占める割合の推移　（「建設工事施工統計調査」（国土交通省）をもとに作成。ここでの「維持・修繕工事」とは、既存建築物の従前の機能を保つための補修・改装工事等を指す。より積極的な増改築・改良工事等は「新設工事」に含まれているため、広義のストック活用はさらに高い割合を占めるものと思われる）

061

[終える]

竣工時の華々しさに比して、建築物が終わるときに払われる注意や興味はあまりにも小さい。所有者や地域に長年親しまれてきたからこそ、終わり方のデザインが重要ではないだろうか。建築物はフィジカルな存在である以上、必ず終わりがくる。しかし、建築物が終わったように見えても、建材や素材が再利用されたり、活動が継続したり、記憶が継承されたりする。本章で紹介するのは、建築物の終わりへの感謝と賛美であるだけでなく、建築物を終えることを通してまちを継いでいく取り組みでもある。

[終え
[TOKYO
[2012-

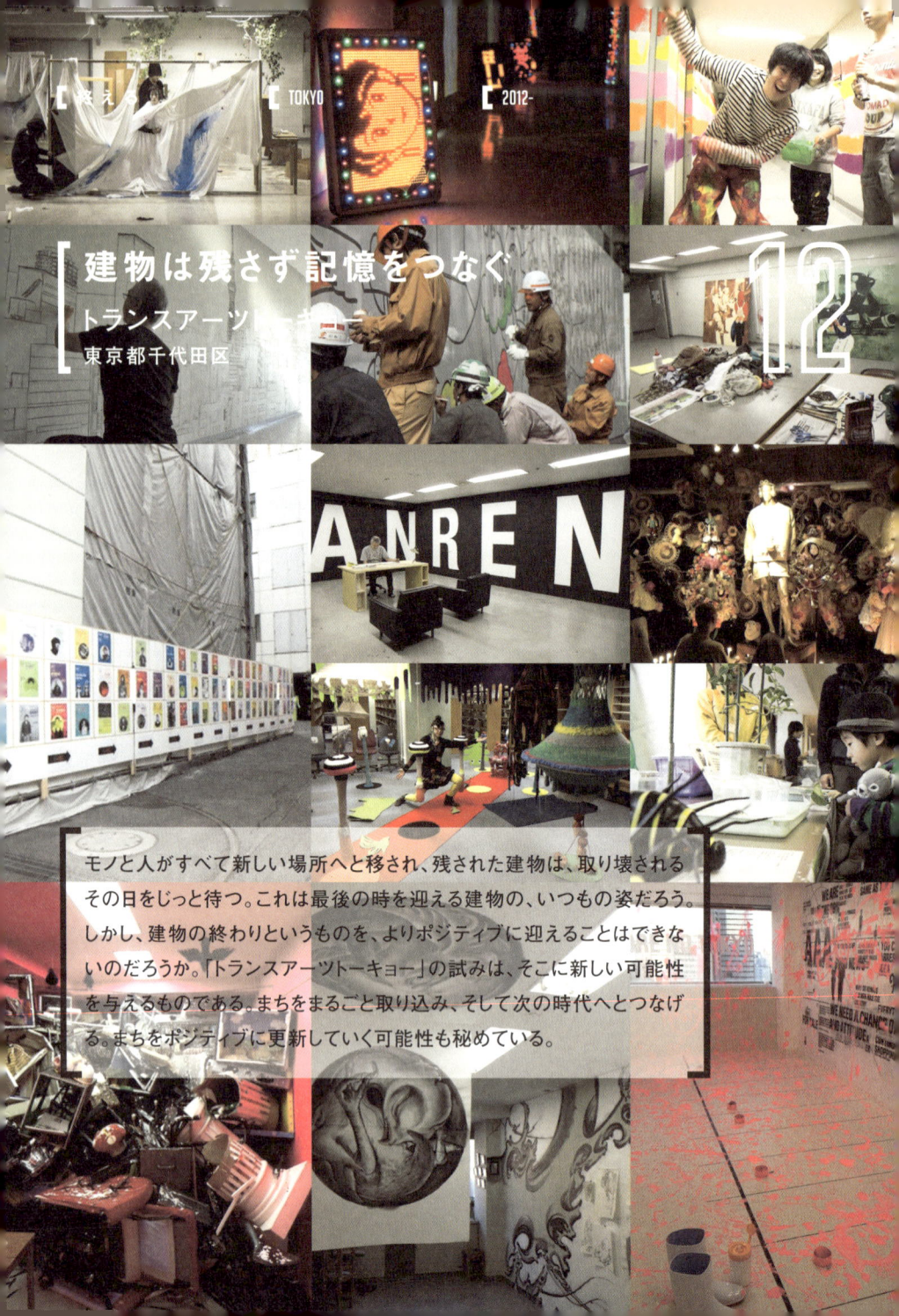

[建物は残さず記憶をつなぐ
トランスアーツトーキョー
東京都千代田区

12

モノと人がすべて新しい場所へと移され、残された建物は、取り壊される
その日をじっと待つ。これは最後の時を迎える建物の、いつもの姿だろう。
しかし、建物の終わりというものを、よりポジティブに迎えることはできな
いのだろうか。「トランスアーツトーキョー」の試みは、そこに新しい可能性
を与えるものである。まちをまるごと取り込み、そして次の時代へとつなげ
る。まちをポジティブに更新していく可能性も秘めている。

19フロアに300人のクリエイター

100年もの間、東京千代田区神田錦町に建ち続けていた東京電機大学が、2012年4月に移転し、その跡地には再開発の計画が持ち上がっていた。この一帯は、オフィスビルや商業施設が建ち並ぶなか、今なお多くの史跡や名所を残し、昔ながらの風情を感じさせるエリアだ。しかし、土日ともなると人通りはない。もともと神田・秋葉原エリアで、さまざまなアート活動を実践してきた中村政人氏（東京藝術大学准教授）は、このエリアにアートを通した地域コミュニティの拠点をつくり、地域のポテンシャルを高め、にぎわいをつくることができないかと考えた。開発を進め

[19フロアに300人もの作家が出展]

「トランスアーツトーキョー」
フロア構成
地下2階から地上17階までの各フロアで、現代美術やデザイン、建築、ファッション、音楽、インスタレーション、パフォーマンスなど、さまざまなジャンルの作家が出展

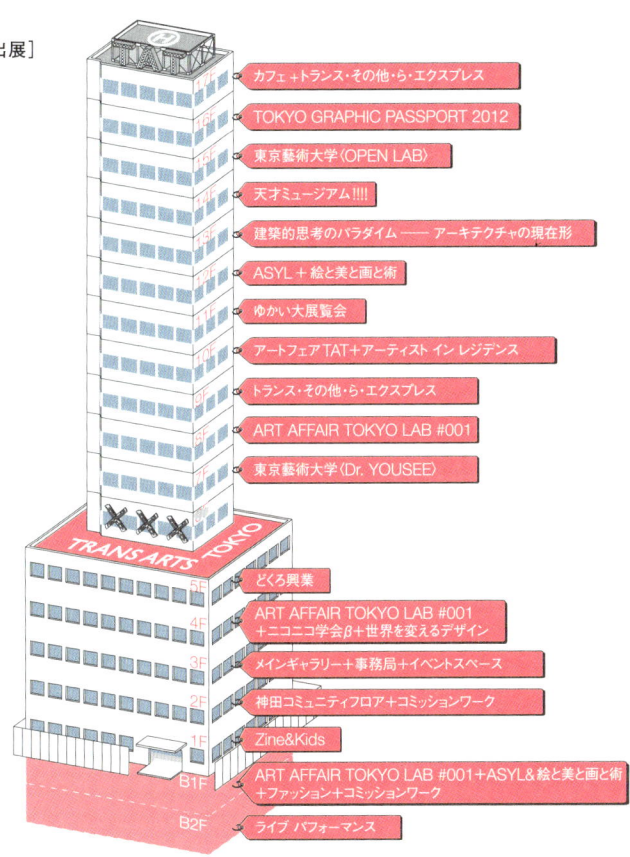

- カフェ＋トランス・その他・ら・エクスプレス
- TOKYO GRAPHIC PASSPORT 2012
- 東京藝術大学〈OPEN LAB〉
- 天才ミュージアム!!!!
- 建築的思考のパラダイム──アーキテクチャの現在形
- ASYL＋絵と美と画と術
- ゆかい大展覧会
- アートフェアTAT＋アーティスト イン レジデンス
- トランス・その他・ら・エクスプレス
- ART AFFAIR TOKYO LAB #001
- 東京藝術大学〈Dr. YOUSEE〉
- どくろ興業
- ART AFFAIR TOKYO LAB #001＋ニコニコ学会β＋世界を変えるデザイン
- メインギャラリー＋事務局＋イベントスペース
- 神田コミュニティフロア＋コミッションワーク
- Zine&Kids
- ART AFFAIR TOKYO LAB #001＋ASYL＆絵と美と画と術＋ファッション＋コミッションワーク
- ライブ パフォーマンス

前頁：トランスアーツトーキョーで繰り広げられた作品やパフォーマンスの数々。左上から時計回りに、suzuki takayuki パフォーマンス、涌井智仁「かぞくのうた〜再生のrimix〜（天才ミュージアム!!!!）、遠藤一郎「虹」制作風景、アウン・コー（アーティストインレジデンス"AIR3331"）、writtenafterwards「Ather The Orgy─そして伝説へ─」、昆虫大学、so+ba「ore no tokyo」、山田彩加（東京藝術大学油画博士有志展"Dr.YOUSEE"）、土屋遊「Crash GANBO Mountain（フン葬）」、参加アーティストのポートレートを選挙ポスターのように掲示、佐藤直樹「FOR TRANS ARTS TOKYO」制作風景、大塩博子「壁画制作ワークショップ」に工事現場の方々も参加、ASYL「KEIDANREN」、203gow「ライブ編みプロジェクト」

065

[コミュニティアートを段階的、継続的に広げる神田コミュニティアートセンター（CAC）構想]

第1期（2012年10月〜2013年3月）
胎動・種付期

▶ 旧東京電機大学11号館

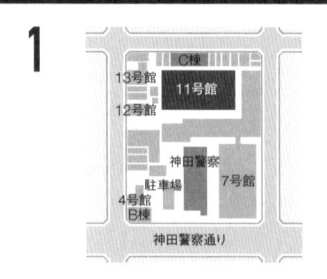

東京電機大学の旧校舎を使った展覧会を開催。この場所に記憶を刻み込み、新たな可能性を考えていく

第2期（2013年4月〜2015年3月）
発芽・耕作期

▶ コミュニティアートセンター準備室

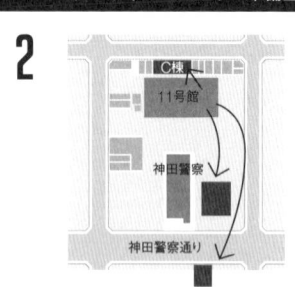

校舎の解体は進むが、地下空間や同街区内の空きビルなどで展覧会を開催。準備室を設置し、地域との日常的な関わりを深める

る住友商事と東京藝術大学が提携し、東京電機大学の跡地に新しく建設されるビル内に、多様な表現活動を通じて人びとが交流する「神田コミュニティアートセンター（仮）」を設置することを前提に、オープンするまでの期間を利用して継続的に地域住民にアートを浸透させていこうというわけだ。

そのプロジェクトの第1弾として2012年10月から約1カ月間、壊される直前の東京電機大学11号館校舎にて「TRANS ARTS TOKYO（トランスアーツトーキョー）」なるイベントが開催された。過去の記憶と未来への思いを共有するアートプロジェクトとして、東京藝術大学と地元有志とが協働したものだ。地下2階から地上17階までの19のフロアには、なんと約300人もの作家が参加。各フロアは、現代美術やデザイン、建築、ファッション、音楽、インスタレーション、パフォーマンスなど多岐にわたるジャンルに分けられ、フロアごとに実に多様な空間が展

開された。まちの中に突如として、これまでに見たことのない規模の巨大な美術館が現れたことになる。

まちに住まう人、働く人も巻き込む

イベント終了後、建物はそのまま壊される。だからこそ空間を自由に使ってもいい。制約がないというその魅力的な設定に、参加作家たちは、自由にのびのびと表現した。完成した作品を展示するのではなく、常につくりながら作品を見せていく作家も多かった。19のフロアに展開する作品は、日々変わり続け、数えきれないほどのパフォーマンスやレクチャー、トークイベントが連日行われていった。300人ものアーティストが参加していることもあり、1日ではとても回りきることはできない。パスポートチケットで、何度も通う人びとも増えていった。専門ガイドによるスタジオツアーも連日人気を博した。

第3期（2015年4月〜2017年3月）
拡散・潜伏期

第4期（2017年4月〜2020年3月）
帰還・新拠点活動期

第5期（2020年4月〜）
醸成・成熟期

まち（サテライト） ／ 新施設（コミュニティアートセンター）

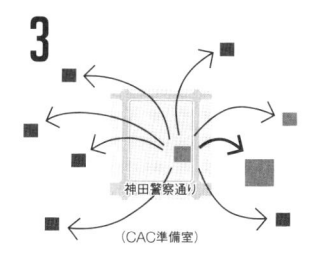

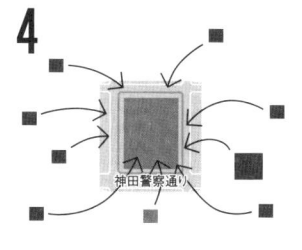

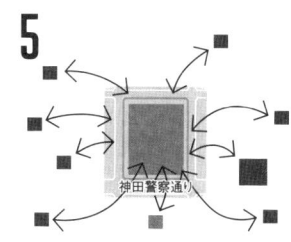

3 敷地は更地となり、新たな建物の建設開始。周辺の建物オーナーの協力のもと、コミュニティアートをまちに拡散させていく

4 新施設が完成。場所や人とのつながりを維持しながら、コミュニティアートセンターの活動開始

5 文化的、経済的、社会的な価値の交換が、さまざまな場所で展開。新たな価値創造の循環が育まれる

やがて、まちに住まう人びとはもちろん、ここで働く人たちにも、そこで起こっていることが口コミで広がっていく。普段はアートに触れたことがない人も来場し始め、会期が終わったころには、延べ1万人を越える来場者となった。

壊してもつなげられるモノ

しかし、最終的な目標は今後建て替える新しい建物の中につくる「神田コミュニティアートセンター（仮）」を、地域の中で活性化させていくことだ。今回のイベントは、あくまでも通過点にすぎない。通常、都市部での再開発は、単なる建て替えに終始し、そこに住まう市民との軋轢は必ず問題になる。互いの事情も立場も異なるゆえ、解決もままならないことが多い。しかし、「トランスアーツトーキョー」をはじめとした一連の試みは、地元と事業者との間にアートというテーマを持った第三者としての組織が介することで、商業的なポテンシャルを高めながら生活者にも潤いを与えることができる可能性を示す。すでに、東京電機大学11号館校舎は壊され、新たな建物の竣工までの間、まず仮設の「神田コミュニティアートセンター（仮）」準備室を近くの場所に設置して事業を進めている。変化するなかでも継続的にアプローチしていく。その長期的な計画もまた大きなポイントになる。建物はいつか死を迎え、そしてまた新しい建物が誕生する。ハードとしての建物を残さなくても、記憶を断絶することなく次の時代へつなぎ、新しい活力を生み出すことができる。これは1つの理想的な解答だろう。

DATA

活動主体:主催＝東京藝術大学（美術学部絵画科油画専攻）、共催＝神田コミュニティアートセンター構想委員会
規模／拠点:参加アーティスト300人／東京都千代田区旧東京電機大学11号館
期間:2012年〜
デザイン対象:解体の決まった大学校舎、展覧会

[終える　　[KANAGAWA　　[2010-2012

展覧会で幕を下ろす
RYUGU IS OVER!! 竜宮美術旅館は終わります
神奈川県横浜市

13

取り壊しが決まっていた横浜市日ノ出町駅前の再開発地区にあるかつての旅館を建築家やアーティストがカフェやギャラリー、レジデンススペースとしてコンバージョンし、「竜宮美術旅館」としてさまざまなイベントが運営された。2012年、取り壊される建物の終わりを見届ける＝鑑賞する展覧会「RYUGU IS OVER!!竜宮美術旅館は終わります」を開催し、この建物は60年の歴史に幕を下ろした。

黄金町の浄化・再生への取り組み

　竜宮美術旅館のあった横浜市中区黄金町・日の出町周辺は、もともと特殊飲食店舗が集中するエリアで、「アートによるまちづくり」をテーマに環境浄化とまちの再生を目指している。2006年にアートフェスティバル「黄金町バザール」が開催され、2007年にはNPO法人「黄金町エリアマネジメントセンター」が立ち上げられた。特殊飲食店舗退去後の建物や廃墟化した建物のリノベーションや、新しいまちの参加者としてアーティストやショップ経営者などの入居者を募るなど、日常的なまちづくりに関わる実験的な取り組みが進められている。

建物の履歴をアート化した竜宮美術旅館

　2009年、廃墟となった旅館をギャラリーやラウンジ、カフェなどが併設する施設へとコンバージョンする「竜宮プロジェクト」が発足。このプロジェクトは、黄金町エリアマネジメントセンターと黄金町・日の出町周辺で活動するアーティストや建築家によって進められ、「竜宮美術旅館」と名付けられた。この建物の歴史は終戦直後から始まる。戦後すぐに建設され、当初は旅館であった。その後、住宅、倉庫として使用されたが、2009年にはほぼ廃墟となっていた。2009年に黄金町エリアマネジメントセンターが借り受け、竜宮美術旅館に至る。この建物は旅館としての趣向を凝ら

「RYUGU IS OVER!!」では14組の作家が作品を発表。左上から時計回りに、交流会の様子、淺井裕介、狩野哲郎、安田悠、志村信裕、森田浩彰＋大久保あり、各氏の作品

前頁:横浜市中区黄金町で約60年間生き続けた「竜宮美術旅館」は、展覧会「RYUGU IS OVER!!」を最後に、2012年3月、取り壊された

し、時代ごとに使われ方が変わり増改築が繰り返されたことで、何人もの職人や大工の手が入り、さまざまな様式や意匠がつくり重ねられたユニークな空間であった。主催者らは、この建物の展覧会がすでに始まっていたように感じていたそうだ。

まちが変わり
竜宮美術旅館の役割も変わる

この建物の運営は、アーティストユニット「L PACK」（小田桐奨、中嶋哲矢）が中心となり、黄金町エリアマネジメントセンターと共同で、さまざまなイベントを開催してきた。大学で建築を学んだ彼らは"コーヒーのある風景"を人が集まる空間の最小単位と考え、玄関とその横のオープンキッチン（元台所）をカフェ兼受付のような空間に設え、まちとアートをつなぐ役割を果たした。オープン当時はアーティストや地域の人たちが集まる場所となっていったが、徐々にこの地域全体で開催される大きなイベントや日常的にこの地域への来訪者を迎える玄関口のような役割を果たすようになった。

建物の最後を飾る展覧会

2012年2月に開催された展覧会では、全14組のアーティストが個性を競い、この場所に合わせて新たに制作された作品や、この展覧会を機に参加アーティスト同士でコラボレーションした作品など、この場所でしか成立しない作品が発表され、建物の最後を締めくくった。また、この建物の共同運営者として管理してきたL PACKは、この建物の最後を見届けるための空間演出として、これまでにあったカウンターを解体し、破片を空間の中にちりばめ、各作品を鑑賞するための装置をつくり上げ、終焉までのダイアリーを壁に記した。

この展覧会は、彼らが2年間運営してきた竜宮美術旅館とも異なる空間を出現させ、アーティスト、作品同士が呼応し合い、消失する運命にあるこの建物の存在を鑑賞者に再認識させることとなった。そして、展覧会というある限定された期間にしか生まれることのない出来事、空気をこの建物の中で体験させることで、このまちの記憶を語り継ぐ一員としての役割を鑑賞者に与えた。

「RYUGU IS OVER!!」のために制作したフライヤー

DATA

活動主体：展覧会主催＝「RYUGU IS OVER!! 竜宮美術旅館は終わります」展実行委員会／キュレーター＝宮津大輔／施設共同運営＝L PACK／施設管理＝NPO法人黄金町エリアマネジメントセンター
規模／拠点：2人／神奈川県横浜市中区日ノ出町
期間：「竜宮美術旅館」運営期間＝2010〜2012年／「RYUGU IS OVER!!」展示期間＝2012年2月17日〜3月18日
資金：展覧会入場料
デザイン対象：廃墟となった旅館

[廃墟となっていた旅館をギャラリー、カフェにコンバージョン]

〈改修後〉

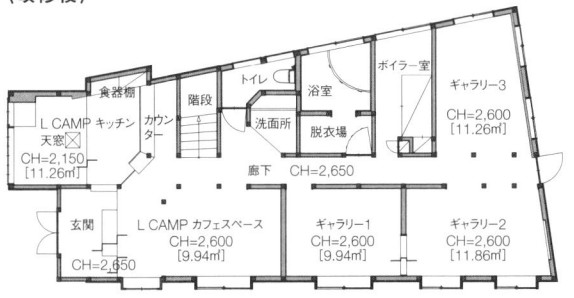

1階平面

L CAMPキッチン 　L CAMPカフェ 　カフェスペース

〈改修前〉

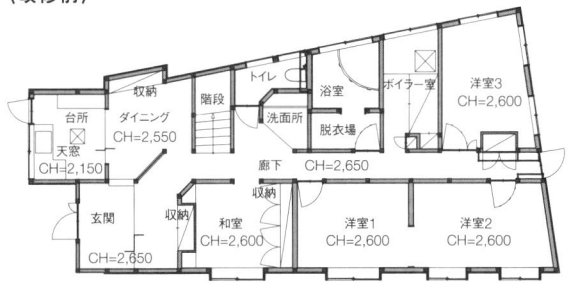

1階平面

2階和室 　玄関 　趣向を凝らした仕上げ

[竜宮美術旅館の歴史]

1945〜48年
建設

1956年
当時の地図には「旅館・清明荘」と記されている

1985年
当時の住宅地図には「山賀旅館」と記されている

〜2005年
住宅として使用

2005〜2010年
倉庫として使用

2010年
NPO法人黄金町エリアマネジメントセンターが借り受け

2010年7月
黄金町エリアマネジメントセンターが、建築家、アーティストとともに「竜宮プロジェクト」として改修を始める

2010年10月
「竜宮美術旅館」と命名

2012年2〜3月
「RYUGU IS OVER!!
竜宮美術旅館は終わります」展

2012年3月末
日ノ出町駅前A地区市街地再開発事業により取り壊し

071

終える　GERMANY　2009

役割を終えたモノと空間で創造性を育む
プレーパーク「ワイルド・ウェスト」
ドイツ・ライプツィヒ

14

［　1990年代に一気に加速した都市の縮小により、ライプツィヒには多くの空き地が残された。西地区にある空き地では、5人の若者たちが自らの理想の遊び場づくりを目指してプレーパーク「ワイルド・ウェスト」を運営している。彼らの活動を支えているのは、空き地、廃材、廃車といった「役割を終えたモノと空間」である。これらは強力な資金源を持たない若者たちにとって、自らのアイデアを実現するための重要な資源となっている。　］

縮小都市のプレーパーク

　旧東ドイツの都市ライプツィヒは、1989年のベルリンの壁崩壊をきっかけに著しい産業の衰退と人口減少に見舞われた。そのなかでも特に空き家・空き地が多い元工業地帯のプラクヴィッツ地区を歩いていると、住宅街の一角に突如廃材でできた謎の空間が現れる。入ってみると小さなスケールの迷路のような空間に、子どもたちの楽しそうな声が響きわたっている。走り回る子、建物を直す子、自分の「家」でお絵かきする子、みな思い思いに遊んでいる。中央の「広場」に出ると、大人たちがコーヒーを飲みながらくつろいでいる。ここが、プレーパーク「ワイルド・ウェスト」である。

子どものための「ワイルド」な場所

　「ワイルド・ウェスト」の運営を行っているのは教育学や作業療法を学んだ5人の若者たちである。「建てることを通じて学ぶ」というコンセプトのもと、旧住宅公社の建物が取り壊されたあとの700㎡強の空き地を利用して2009年から活動を始めた。ここでは建物が取り壊されたり改修されるときに出る廃建材を周囲から寄付してもらい、空間づくりに利用している。

　子どもたちはキャンピングトレーラーを改造したレセプションで工具を借り、「建設」を始める。開園中はスタッフが常駐して子どもたちを見守っている。彼らは高層部分や難しい工具の扱いは手伝うが、それ以外は手出ししない。子どもたちは自分たちで話し合って、自らの手で空間をつくっていく。「ここは『安全』を求めるあまり『自由』を失った現在の遊び場とは対照的だ。多少危険でも自分でやってみることで、部材の強さや工具の特性を感覚的に覚えられる。そのほうがむしろ安全だし、子どもの成長にもいいんだ」と運営者の

「BAU-SPIEL-PLATZ（建てる―遊び場）」と描かれた看板が立つ。奥の建物の壁には「GRENZENLOSE FREIHEIT（限りなき自由）」の文字

前頁：子どもたちの声が響きわたるプレーパーク「ワイルド・ウェスト」。対象年齢は6〜14歳（6歳未満は保護者同伴）。
敷地面積は約720㎡、土地所有者はLWB（元ライプツィヒ住宅公社）

073

2009年10月のオープニングパーティー。まだ事務所用の古いトレーラーしかない©KIWEST e.V.

キャンピングトレーラーを改造したレセプション

1人は語る。最初は「ワイルド」な空間に戸惑う親たちも、子どもたちが夢中になって空間づくりを楽しむ光景を見てこの場所の価値に納得するという。入場料は一切取らず、支援者からの寄付で運営を賄っていたが、現在ではプロジェクトの意義が認められ、市の青少年局から定期的に運営費を得ている。

廃建材にはよく古い釘が刺さっている。古い釘を2本集めると、新しい釘を1本もらうことができる

空き地活用のサポート

「ワイルド・ウェスト」のような挑戦的な市民活動は、トップダウン的なプロジェクトには真似できない創造的な空間とコミュニティを生み出している。歴史的に市民活動が活発なライプツィヒでは、都市の空き地に多くの手づくりの空間が生まれてきた。

市の都市再生局は、これらの空間を都市再生の重要な要素と位置づけ、1990年代後半から空き地活用をサポートしてきた。「利用許諾協定（Gestattungsvereinbarung）」は空き地の所有者に対し土地の暫定利用を促すプログラムであり、土地の公益的利用を条件に暫定利用期間中の固定資産税が免除・控除される。「空き地は市民の夢のために（Freiräume für Bürgerträume）」は市民に対し空き地の利用を助力するプログラムで、空き地探しのサポート、土地所有者との交渉、契約書の書き方、土地の安全管理方法、損害保険などに関する情報提供や助言を行っている。「ワイルド・ウェスト」も市のサポートのもと土地所有者と交渉し、土地の安全管理を行うことを条件に月140ユーロという格安の賃料で使用権を得ている。こうしてライプツィヒでは市民活動と行政サポートがうまく噛み合い、空き地という「役割を終えた空間」が新たなアイデアを生み出す舞台となっている。

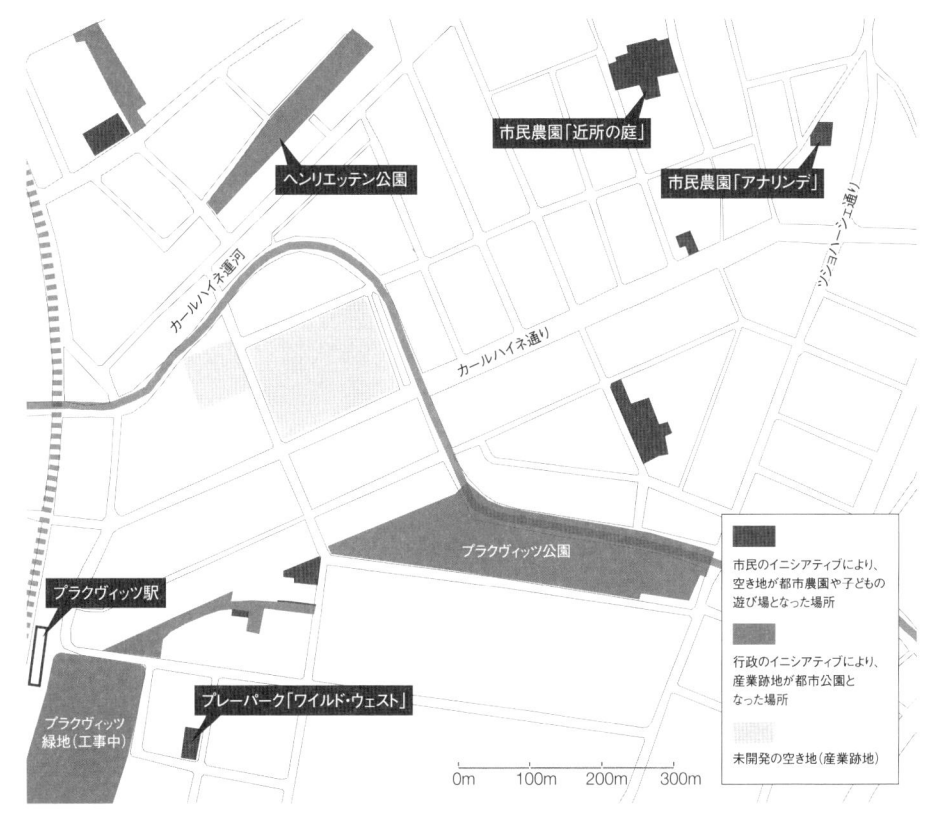

ライプツィヒ・プラクヴィッツ地区の空き地状況（2013年）

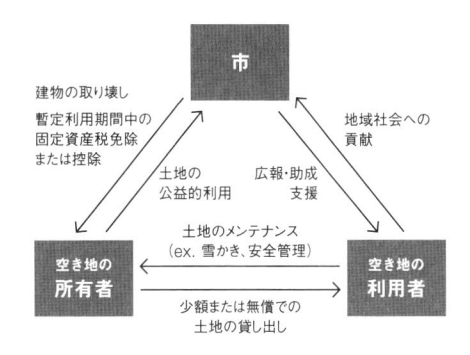

凡例：
- 市民のイニシアティブにより、空き地が都市農園や子どもの遊び場となった場所
- 行政のイニシアティブにより、産業跡地が都市公園となった場所
- 未開発の空き地（産業跡地）

「利用許諾協定」の仕組み

DATA

活動主体：KIWEST e.V.

規模／拠点：運営者5人、協力者多数／ライプツィヒ西地区の元町工場跡地

期間：2009年10月〜

対象年齢：6〜14歳（6歳未満は保護者同伴）

資金：ライプツィヒ青少年局からの助成金、市民からの寄付金

デザイン対象：空き地の利用方法

[終える]　[KANAGAWA]　[2008-]

[ローカルなマテリアルで
都市の質感を変える

ガラスシティ・プロジェクト
神奈川県川崎市

15

そのまちらしい特徴や風景をつくり出すには、地域の資源を生かしていくのが1つの方法であろう。しかし、「そのまちらしさ」が見出しにくい都市の場合には、何が資源となるのだろう？　工業都市・川崎市で浮かび上がってきたのは「ガラス」。このまちに根付き始めた現代ガラスの工芸技法を生かしながら、廃棄ガラスを再生ガラスに変え、生活用品や建材などに転用することによって、都市の質感を少しずつ変えていくプロジェクトが進められている。

[廃棄ガラスを地域で再生する循環モデル]

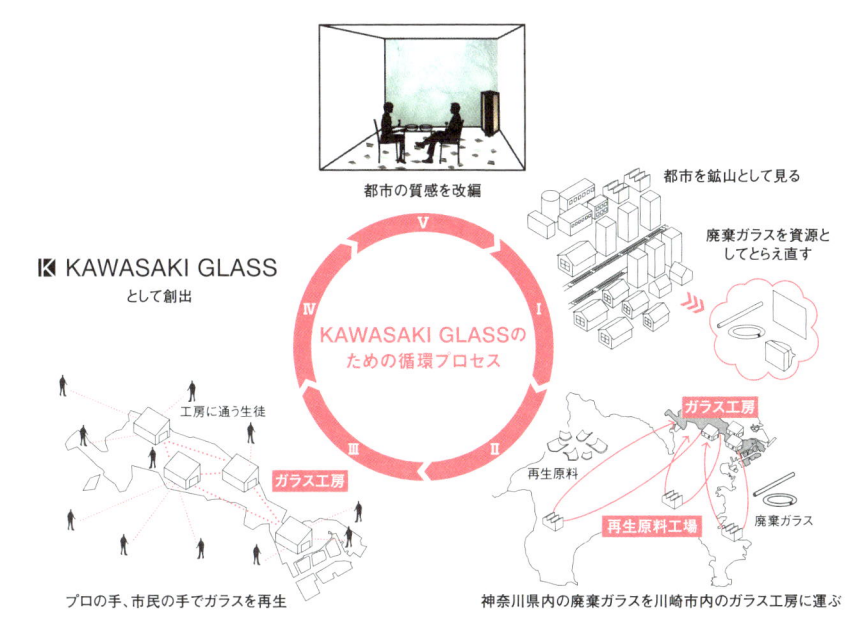

都市の質感を改編

KAWASAKI GLASS として創出

KAWASAKI GLASSのための循環プロセス

都市を鉱山として見る

廃棄ガラスを資源としてとらえ直す

工房に通う生徒

ガラス工房

プロの手、市民の手でガラスを再生

ガラス工房

再生原料

再生原料工場

廃棄ガラス

神奈川県内の廃棄ガラスを川崎市内のガラス工房に運ぶ

神奈川県内で回収された廃棄ガラスを工場で再生原料化し、川崎市内のガラス工房でガラス製品や建材として再生させる。「KAWASAKI GLASS」には、ガラス作家や建築家、デザイナーなどによって生み出されたブランド製品と、一般市民や子供たちが手がけたポピュラー製品が設けられている

工場や住宅を地域資源ととらえる

東京都に隣接する神奈川県川崎市は、工業都市あるいは住宅地としてのイメージが強いまちである。そのような特徴を持つ川崎市で、2005年から市の新産業に位置づけられたコンテンツは「ガラス工芸」だ。そのきっかけは、1981年に日本で初めてガラスの専門学校が川崎の地につくられたことにある。その後自然発生的にガラス工房を営む人が川崎市へ集まり、やがてガラス工芸のクラスターができ始めたのだ。2005年からは行政とガラス工房の代表者、そして2008年からは大学も加わって「川崎市ガラス工芸振興事業検討懇談会（後にそのメンバーの愛称をKUGAと命名）」を開催し、「川崎らしいガラスの創出」について検討を始めた。そのなかで課題となったのは、川崎市には伝統的なガラス技法がないことや、天然のガラス原料がない、ということだった。そこで、川崎市には工場や住宅がたくさんあることを資源ととらえて、そこから出る廃棄ガラスを原料に「KAWASAKI GLASS」を創出しよう、ということになった。

前頁：神奈川県内の廃棄ガラスを再生した「KAWASAKI GLASS」。薄緑色の建材は板ガラス、黒色（スモーク色）の建材はテレビのブラウン管パネル部、白色の建材は蛍光灯からつくられている

組成を揃える

　廃棄ガラスとして、びんのリサイクルは進んでいるが、家庭から廃棄される蛍光灯、板ガラス、ブラウン管ガラス（パネル部）のリサイクルはあまり進んでいない。近代建築の3大素材といわれる「鉄、コンクリート、ガラス」のうち、ガラスだけはいまだに再資源化されていないのである。おそらく、他の材料よりも排出量が少ないからであろうが、ガラスは朽ちない材料であるため埋め立てても土の中で永久的に存在するのだ。

　そこで川崎市ではガラス工芸の技術を生かして廃棄物を高付加価値なものへと変換することによって、廃棄ガラスの排出量を減少させ、工業都市であるこのまちの魅力を高められるのではないか、と考えた。

　まずは、各種の廃棄ガラスを再生原料工場から取り寄せて、KUGAの各ガラス工房で溶融試験を行った。しかし、そこで問題となったのはガラスの組成であった。廃棄ガラスとなるまでにさまざまなものが混入してしまっている。組成が異なるガラスを混ぜて溶かすと、ヒビが入り欠陥品となってしまうのだ。そのため、組成が揃った廃棄ガラスの再生ルートを開拓しようと、KUGAのメンバーで神奈川県内の工場にも足を運び、再生原料化の工程を確認した。工場はできるだけ川崎市から近いところを選んで循環させ、輸送の短距離化による環境負荷の低減や、関連する域内産業の活性化にも配慮している。

　このような過程を踏みながら、KAWASAKI GLASSの原料として選び出されたのは、蛍光灯、板ガラス、ブラウン管ガラス（パネル部）であった。蛍光灯は白色、板ガラスは緑色、そしてブラウン管は黒色と、比較的なクールな色合いを持つ。

ガラス工芸×建築の可能性

　その後、ガラス工房の作家と大学の学生が連携して、デザインと試作を繰り返しながら、生活用品から建材に至るさまざまなKAWASAKI GLASSがつくられた。

　制作においては留意しなければならないこともあった。たとえば吹きガラスの場合は、通常使っている原料が工芸用の透明なガラスであるため、それとは組成が異なる蛍光灯や板ガラスなどは、同じ「るつぼ」に混ぜてはいけない。そのため、3カ月おきぐらいにるつぼを替える際にしかKAWASAKI GLASSをつくれないのだ。その

蛍光灯　約840トン/年　→　一般廃棄物として99％埋め立て

板ガラス　約644トン/年　→　99％埋め立て

ブラウン管ガラス（パネル部）　約206トン/年（2011年度）　→　海外へ輸出 or 他用途利用、埋め立て

↓

ローカルなマテリアルとして資源を生かす

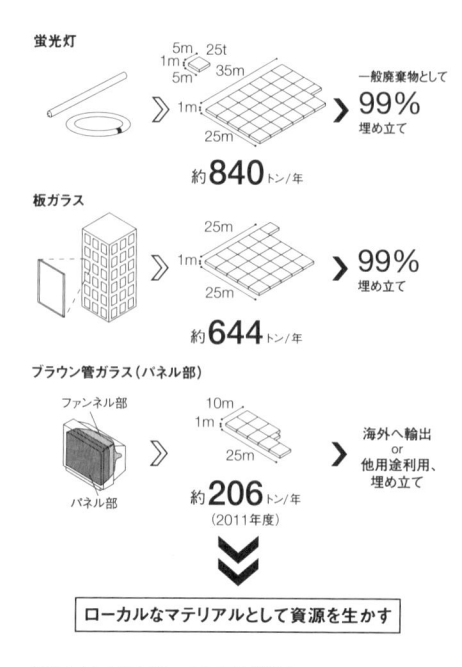

川崎市内におけるガラスの廃棄量（推算）

[再生ガラスで都市の質感を変える]

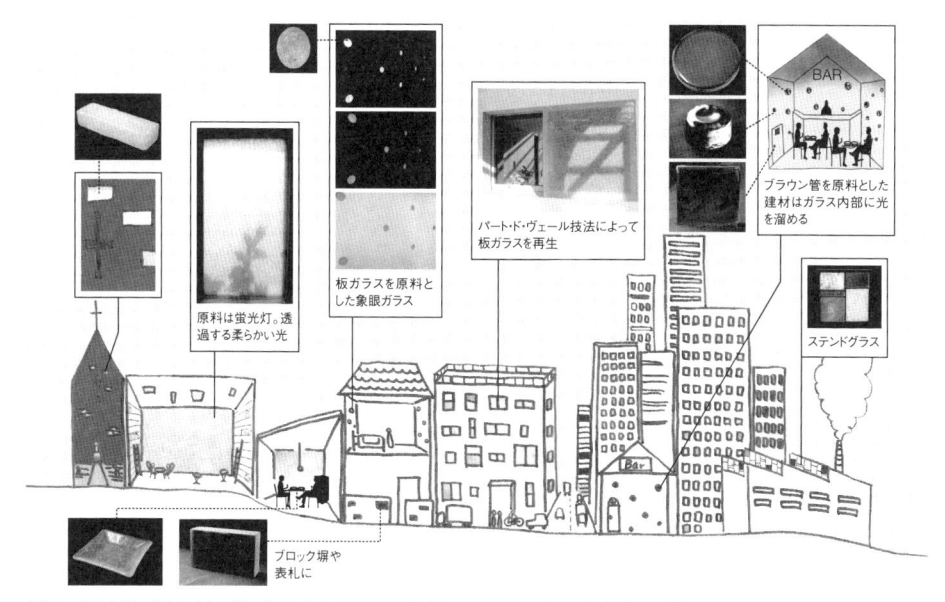

柔らかい光を内部空間にもたらす「KAWASAKI GLASS」を建材として利用することで、都市空間の質感が改変され、川崎らしさが生み出される

他にも、ステンドグラスやサンドブラストといった技法では、パーツを組み合わせたり削ったりするため、技法の異なる工房と連携することが必要となる。このような状況を踏まえながらも、再生ガラスであるKAWASAKI GLASSはガラスの循環が促進されるよう、少しずつ創出されている。

一見すると、ガラス工芸という分野は、現代建築とはあまり接点がないように思われるかもしれない。しかし、ガラスを表現の主題とした建築においては、建材のデザインに自由度が持てるという点で、ガラス工房での試作や制作を踏まえて作品化されたものも多い。そのような可能性と状況のなかで、再生ガラスならではの半透明性や気泡などのテクスチャーによっては、新たな表現を持った建築が生まれ、少しずつ都市の質感を変えていけるかもしれない。それはガラスだけではなく、他の素材も同じである。ローカルなマテリアルに目を向けることによって、その地域らしい建築や風景を生み出せるはずだ。

DATA

活動主体：KUGA（Kawasaki Urban Glass Actions）、横浜国立大学、川崎市
規模／拠点：ガラス工房の代表（8〜10人）、学生（毎年5〜8人）、川崎市職員（2〜3人）／川崎市内のガラス工房（9ヵ所）
期間：2008年〜
資金：実験・試作にかかる費用の一部は、大学の研究費から出費
デザイン対象：川崎市で廃棄されたガラスの再生・循環システム、再生ガラスを用いた生活用品・建材

[終える]　[NAGANO]　[2012-

建築の終わりを
まちづくりの始まりにする

旧山崎歯科医院
長野県松本市

16

2011年6月に松本市付近で起きた地震により煉瓦造の旧山崎歯科医院が損傷した。市民の呼びかけで保存活動が始まったが、補修費等の折合いがつかず解体されることになった。「解体されたら煉瓦はどうなるのか、解体されて終わりなのか？」。そんな市民の想いから建築家や行政、学生、一般人の有志らが集まり、この建築の終わりを弔い、解体現場で拾った煉瓦をこれからのまちづくりにつなぐ試みが始まった。

[建物の終わりをまちに引き継ぐ]

〈建物解体の決定〉

山崎歯科医院外観

〈解体現場で煉瓦を拾う〉

建築家、一般市民、学生などが集まり、煉瓦を拾う

煉瓦造2階建ての洋館、旧山崎歯科医院

　山崎歯科医院は明治21年（1888）に煉瓦商の丸山善太朗氏が煉瓦造のモデルハウスとして松本市上土に建てた2階建ての洋館である。その後何度も所有者が変わり、税務署、郵便局、営林署、あるいは外国人宣教師の邸宅だったなど、さまざまな説があるが、昭和13年（1938）に歯科診療所兼住宅となった。建物は寄棟の傾斜がきつい桟瓦葺きの屋根で、四角い形状の壁には要石がアクセントの小振りなアーチ状の窓が並ぶ。蛇腹風の意匠を施した軒下と階のつなぎ目や煉瓦の調子を変えて大きく張り出した窓台、2色の煉瓦を採用した腰壁が特徴のファサードである。煉瓦の産地ではない地域において政府の建物や工場、橋梁ではなく個人所有の住宅建築に煉瓦が用いられたのは全国的にとても貴重な存在であるようだ[1]。また、煉瓦がどこで生産され、どのように運ばれてきたのかは現在も謎のままである。

上土・大正ロマンの街並みを象徴する洋館

　この洋館が建つ上土界隈は明治に松本城内のお堀を埋め立てて造成した土地で、明治・大正にかけて多くの洋風建築が建てられた地域である。現在は地元の建築家や市民が中心となって建造物の保存・改修やまちづくりに取り組んでおり、大正ロマンの風情を感じる和洋折衷様式の洋館群の街並みとして市民に愛されている。その街並みを象徴する洋館建築・山崎歯科医院が、平成8年（1996）の文化財登録制度新設と同時に、長野県において第1号登録として国登録有形文化財となり、多くの市民ボランティアによるまちめぐりや観光コースの名所としての役割も担った。

前頁：美術家の小林史子氏は、旧山崎歯科医院の解体現場で回収され、ケレンで整えられた煉瓦を用いてアート作品を制作した

〈煉瓦を回収〉

煉瓦を積み込み回収する

〈回収した煉瓦を整える〉

1つずつケレンで形を整える

保存活動から解体、そして煉瓦拾いへ

　2011年6月の長野県中部地震で被害を受けた旧山崎歯科医院は、地元建築士有志の診断により「修復が可能」となり、「赤煉瓦の旧山崎歯科医院を残す会」が立ち上げられ、市民と専門家、20を超える団体が加盟する大きな組織となった。署名運動と募金集め、活用方法案も添えて、松本市に対して行政支援を求めていく予定であったが、建物を復旧する補修費が高額であることや住居利用が難しいことなどから活動の継続を断念した。

　こうした動きに対応し、持ち主は煉瓦積みの外壁の一部などを保存することにしたが、市民や地元建築家らが住民の思い出や街並みを築いた建物の記憶とともに、解体・廃棄されてしまう煉瓦をこれからの松本市のまちづくりのアイコンとして大切にしたいと考え、解体直前に急遽「山崎歯科医院の始まりと終わりを考える会（仮称）」を立ち上げ、解体によって廃棄される煉瓦の一部を拾い、山崎歯科医院を見送ることになった。

　数週間かけて解体現場との調整や持ち主との協議を重ね、スケジュールが二転三転するなか、建築家や一般市民、学生など20名ほどが早朝の現場に集まった。参加者は崩された瓦礫の中から形のきれいな煉瓦を拾い出し、解体途中の壁から煉瓦を抜き出しながら、煉瓦の積み方や形状、詳細な仕上げを観察した。焼きの甘い煉瓦は室内に、きれいに焼かれた丈夫な煉瓦は外壁に、さらに焼き締めた煉瓦は外壁の腰壁に、と適材適所に積み分けられた煉瓦の硬さを手に実感しながら、建物の始まり（つくり方）とともに建物の最後を見届けた。解体後、1つひとつ砂漆喰の目地をケレンで丁寧にとり、きれいに積まれた煉瓦となった。参加者の1人はその光景を煉瓦が再び息を吹き返したように見えたと語り、また1人は重い煉瓦にケレンがけしながら命が吹き込まれていくのを感じたと語った[2]。建物の終わりに立ち会い、1つひとつの煉瓦に向き合うなかで、建物の喪失感ではなく、煉瓦に新しい命が吹き込まれていく感覚が参加者に芽生え

〈煉瓦を保存・管理〉

1,200個の煉瓦は地元の建築設計事務所にて管理され、まちのアイコンとして貸し出される

〈煉瓦の再生〉

小林史子「Collected Maps」。煉瓦やまちで拾い集められたモノを再配置したインスタレーション作品(松本市美術館)

まちのにぎわいづくりのためのオープンスペースで活用

たようだ。最終的に1,200個、おおよそ2トンほどの煉瓦が息を吹き返した。

まちづくりへの想いを
語り継ぐ赤煉瓦

　拾われた1,200個の煉瓦は、解体現場から市内の建築設計事務所、コミュニティスペース、美術館、建築設計事務所、公園等に建物の記憶とともにさまざまな人の手によって運ばれ、アーティストや学生によりアート作品[3]の一部として松本市美術館に展示されたり、まちの回遊性を創出するパブリックスペースのにぎわい演出のための什器の一部として公園に設置されたりと、文化創造的活動やまちのにぎわいづくりに寄与する取り組みに活用されている。

　今後、まちづくりトラストの体制づくりを視野に入れながら、現在はひとまとまりとして用途や使い手を変えながら、まちづくりのアイコンとして、このまちにちょうどよく溶け込む活用スタイルを模索している。

註
1　藤森照信『信州の西洋館』信濃毎日新聞社、1995年
2　煉瓦拾いに参加した方々のブログより
3　小林史子「Collected Maps」(インスタレーション)

DATA

活動主体:山崎歯科医院の終わりと始まりを考える会(仮称)
規模/拠点:会員42人/長野県松本市上土
期間:2012年8月〜(煉瓦拾い:2012年8月29日/展示「ここも　そこも　どこかのここで」:2012年11月22日〜29日〈企画:松本市美術館、信州大学人文学部芸術コミュニケーション講座〉/パブリックスペース企画「すわりまわる」:2013年5月25日、26日〈企画:信州大学人文学部芸術ワークショップゼミ〉)
資金:会員はボランティアとして参加し、煉瓦1,200個を保存・管理
デザイン対象:建物の終わり方と解体された煉瓦の活用方法

COLUMN

建てない時代の建築教育

平田京子

建築教育の潮流と未来

　もはや建築を次々と新築する時代ではなくなった。今後は、既存の建築ストックを有効に維持管理し、改修、保存、再利用していくことがますます重要になってくるのに対して、こうした社会の変化に建築教育は対応できていない。日本の建築カリキュラムは、日本独自のホリスティックで優れたものであるともいえるが、それは都市を開発し、公共建築を建設し、住宅を次々と新築していくという成長期の建築教育をそのまま続けているにすぎない。(2013年日本建築学会教育部門大会研究懇談会の主旨から抜粋)

　「建てない時代」、この言葉は旧来の建築教育を根底から覆す衝撃的な言葉である。建築学科の就職状況を見ると、今も建築業界に進むことが主流である。喜ばしいことではあるが、卒業生は建築業界といういささか狭い世界で生きている。新築が減って今の業態が縮小したら一体どうなることだろうか。

　では建てない時代の建築教育はどうあるべきか。それは新しい発想を柔軟に生み出し、そのアイデアを実現していくという「人の力」をより一層重視して育てることなのではないかと思う。生活者としての感覚をもち、社会や自然と向き合う人。公共性を問い直し、福祉や環境共生を考えること。建物を再生・利活用する思いがけない柔軟

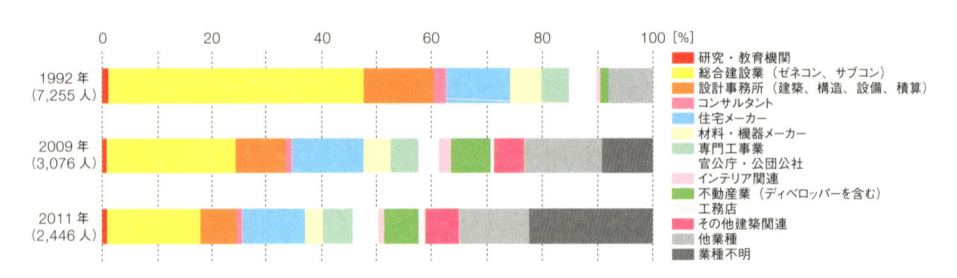

建築系大学卒業生の進路調査（出典：長澤夏子、元岡展久、平田京子、石川孝重「建築系大学卒業生の進路調査の経年分析」『日本建築学会技術報告集』第44号、pp.393-398、2014年）

な発想をもち、バランスのとれた合理的な意思決定を行いながら、社会と人びとに説明できる力をもつ人。こうしたことを行う人の頭の中にこそ、次の時代を切り開くアイデアが存在する。

　それに加え「困難であっても前に進む力」が不可欠である。本書に収録した事例は、当初から順調に進んだものばかりではない。途中で頓挫するあまたの事例があるなかで、困難を克服し、その推進力で実現に至った事例である。知識を授ける場としての教育機関は、従来の知の拠点というだけでなく、学生自身が主体的に考える場へと変化しつつある。そのため卓越したアイデアだけでなく、アイデア実現に向けた学生の行動力を育てる場になることが必要になる。学生が実習を通じて理解を深め、大学が社会と連携し、学生が社会と対話する機会が今後ますます増えていくと思われる。専門家としての倫理観を育てながら、情報分析・発信力を備え、共同作業を行いまとめ上げていくスキル育成の場となる。

建築をめぐる対話から生まれるもの

　建築関連学科学生の活動には多くの新しい取り組みが生まれつつある。明治大学都市建築デザイン小林正美研究室では、2013年「明治大学シャレットワークショップin高梁2013－高梁のグランドデザインを考える－」で学生がデザイン案を市民に提案し、意見を聞き取り対話するワークショップを実施した。2013年日本建築学会大会（北海道）記念行事「学生と地域との連携によるシャレットワークショップ－札幌のまちづくりデザインを考える－」では学生と地域・行政の連携、市民との対話に基づく設計教育が実践さ

「明治大学シャレットワークショップin高梁2013－高梁のグランドデザインを考える－」の様子（左が小林正美教授）

れている。教養と専門について知識を増やすだけの大学ではなく、モノづくり・コトづくりを通じて、市民の思いを形にし、コミュニケーションを誘導する、今まで手を結ばなかった領域や人と手をつなぐ試みが始まっている。

夢見る建築教育

　それらの教育を通じて建築という箱の提供だけでなく、箱を長らく使い、良質な空間と意味を提案していく人びとがたくさん生まれ、社会を変えていく。建築や設計をめぐる対話から何か価値のあることが生まれる。これからの大学は社会と一緒になって、そうした若い人びとを花開かせるための育成の土壌、つまり「立派な植木鉢」になる必要がある。

　社会を新しくつくり上げる人。モノやコトを構築する人。それらを構築者、Architectとこれからは呼ぼう。たとえ建築や空間が実在しなくても、そんな建築教育が実現されれば、私たちはアイデアをひねり出し、課題を解決しながらモノやコトを構築していくことができるだろう。

[構 想 す る]

建築の仕事は、通常、クライアント側の与条件のもとで始まる。しかし、地域の未来の構想には、クライアントがいないこともあり、建築物をつくることが前提でもない。また近年では、公共的な建築物の設計プロセスに市民参加が取り入れられ、ワークショップが行われる例も多いが、一方でその形骸化も指摘されている。本章では、構想の仕方そのものを問い直す。ここで紹介するのは、新しいワークショップの手法を見いだしたり、建築を構想するプロセスや建築が企画化される前提自体を再考する取り組みの事例である。

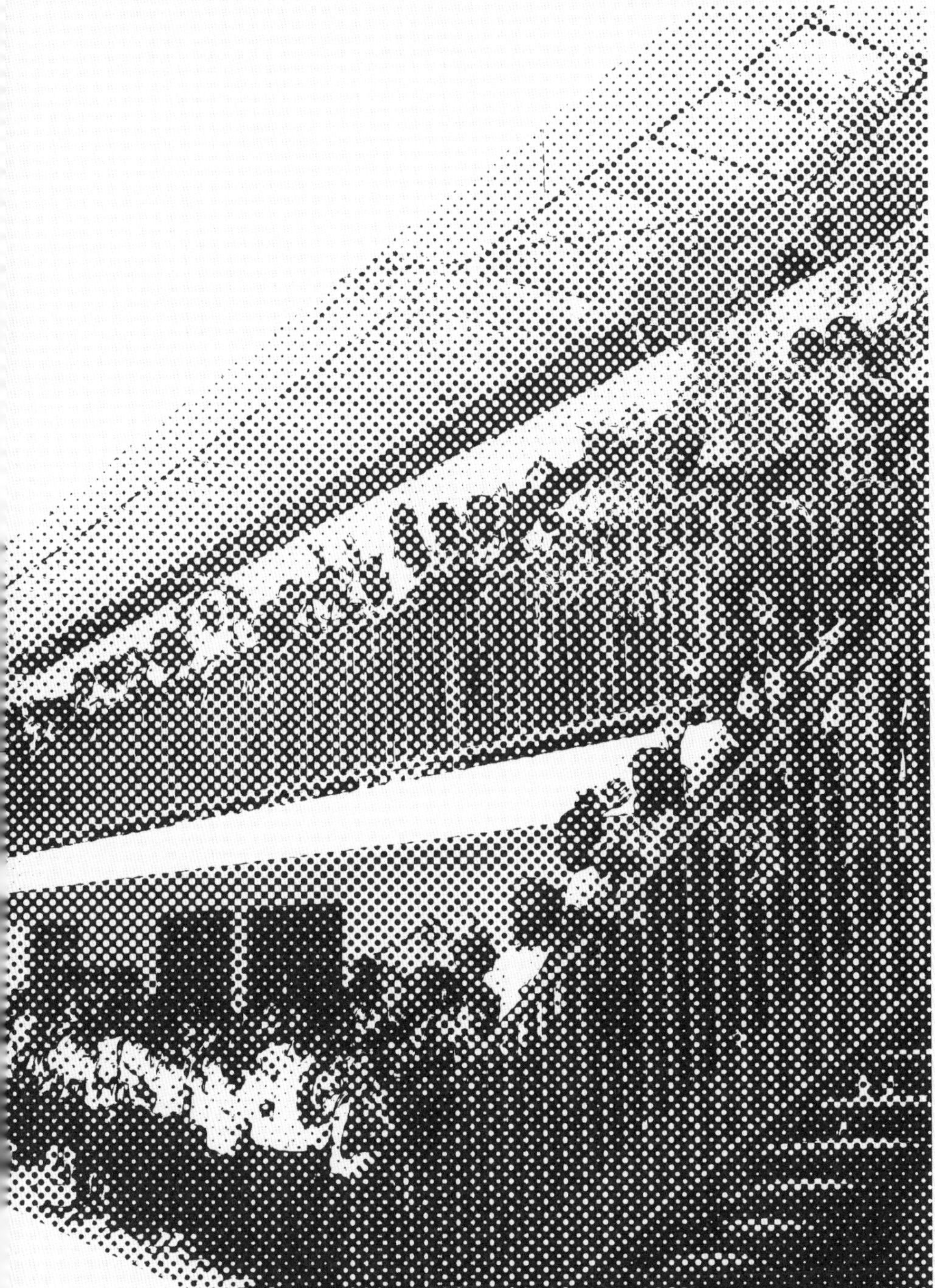

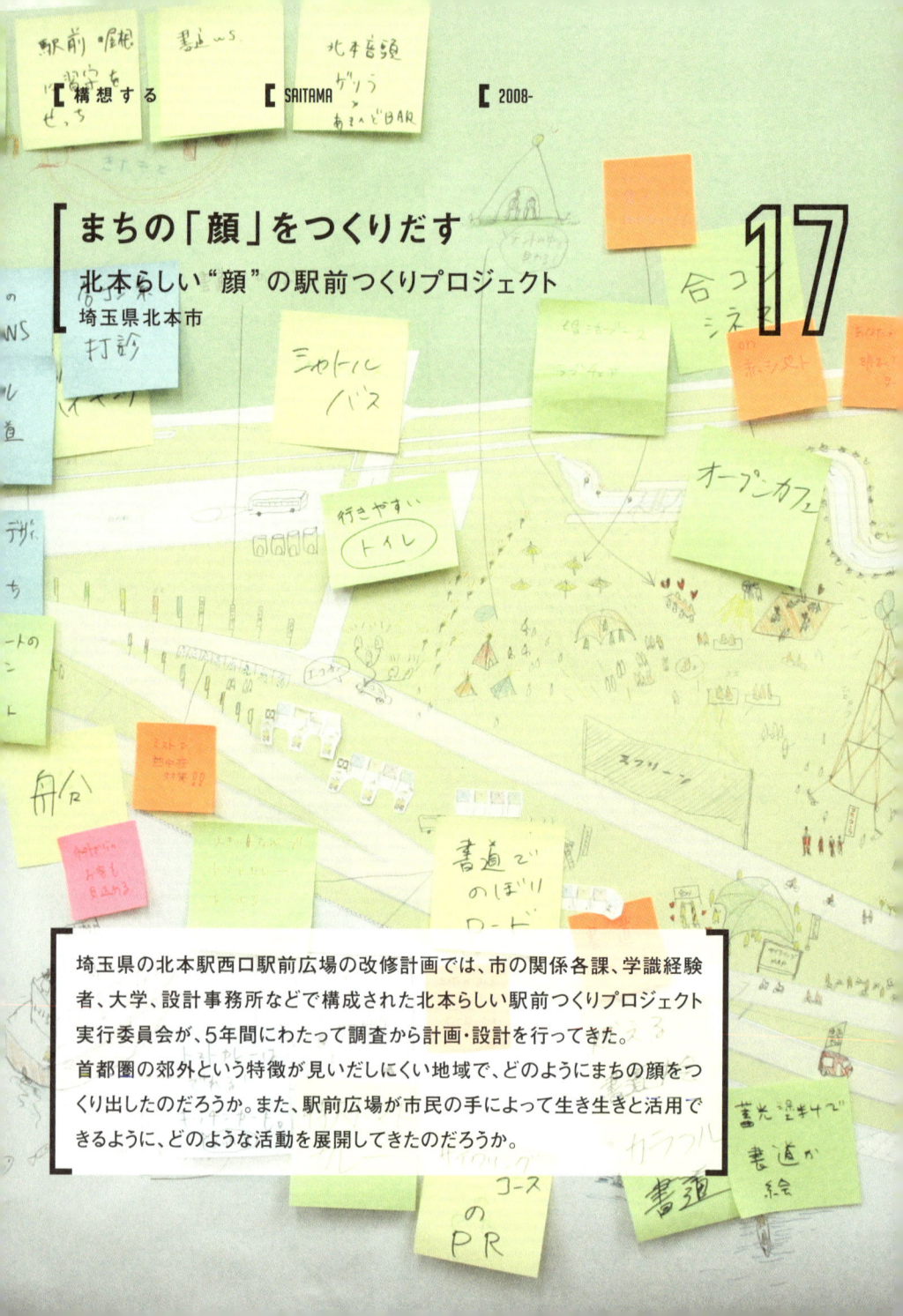

[構想する　　　[SAITAMA　　　[2008-

[まちの「顔」をつくりだす
北本らしい"顔"の駅前つくりプロジェクト
埼玉県北本市

17

埼玉県の北本駅西口駅前広場の改修計画では、市の関係各課、学識経験者、大学、設計事務所などで構成された北本らしい駅前つくりプロジェクト実行委員会が、5年間にわたって調査から計画・設計を行ってきた。首都圏の郊外という特徴が見いだしにくい地域で、どのようにまちの顔をつくり出したのだろうか。また、駅前広場が市民の手によって生き生きと活用できるように、どのような活動を展開してきたのだろうか。

まちへの関心やリテラシーの向上

　北本市は埼玉県の中央部に位置する人口約7万人のまちである。30年ほど前にベッドタウンとしての開発が進み、当時北本へ転入してきた住人が高齢化する現在、人口を維持していくためにも若い世代を呼び込みたい、という市長の思いがあった。そこで、これまでに国内外でアートプロジェクト等を通してまちづくり活動に携わってきた筑波大学の貝島桃代研究室と東京工業大学の塚本由晴研究室に、「北本らしい"顔"の駅前つくりプロジェクト」の一貫として、北本に対する住民の関心やリテラシー向上を目的とした研究の依頼があった。

　プロジェクトを進めるにあたって、両研究室は2つの条件を設定した。1つ目は、行政、市民、市民団体、そして大学をつなぐ人材を行政側で1人雇用すること。2つ目は、さまざまな業種や立場の人たちと考え方を共有するために、1カ月に1回以上は会議と称したワークショップなどを開催することで議論の場を常に確保することだった。

まちの「顔」を探す

　まちの「顔」を考えるにあたり、その「体」にあたる北本市全体の地域資源（緑、商業、サイン、照明、ユニバーサルデザイン等）の調査が行われた。緑を担当した鈴木雅和教授（筑波大学）からは、関東平野にこれほど多くの雑木林が残されていることは大変貴重であり、北本では雑木林をまちづくりと結びつけ、人間と植物が共存して景観をつくっていく取り組みがあることが大変興味深い[1]という報告があった。交通の観点からは、駅前整備案に対して、三角形のロータリー形状は車が曲がりにくいのではないかという市民の声が上がったため、実際に道路の線形を地面に描いて車やバスで走行する社会実験も行われた。

　こうした調査や社会実験等の結果、北本らし

改修後の北本駅西口駅前広場。三角形のロータリーに沿って、3辺の高さが異なる屋根を設置。人と車のアクティビティを覆いながら、まちのスケールに自然に移行させる

前頁：「まちのリズムを育てる会議」では、筑波大学貝島研究室のメンバーが市民から出てきたアイデアをその場でイラスト化。こうしたライブドローイングの上に、参加者の声を記した付箋を貼っていく

い顔として「雑木林」が位置づけられ、ロータリー中央にはまちの雑木林を管理していく象徴として、「北本おやじ」と名付けた木の根株[2]を、市内の雑木林から移植することになった。またロータリーの周囲には樹木を思わせる柱を列柱させ、ヒノキを用いた天井屋根を張ることによって、雑木林を思わせる駅前広場が計画された。

この他にも、子どもから大人までを対象に駅前広場のイメージを学生たちがワークショップで手描きで表現した「ライブドローイング」などによって、市民からの期待と夢が多くの人と共有された。

まちや駅前広場を育てるために

３年目からは市民がより参加しやすいよう、市街地の空き店舗に「まちづくりキャラバン」という拠点がつくられ、模型や市民のアイデアの掲示、そして「広場を育てる会議」や「まちのリズムを育てる会議」が開催された。会議では駅前広場を活用する「北本とれたてマルシェ」などの企画が生まれ、高校生や市民からたくさんの面白いアイデアが出された。それらを大学生らがライブドローイングによって１枚の絵としてイメージ化し、アイデアを実践できる人とのマッチングも行われた。これを踏まえてその企画の社会実験を行い、駅前広場の竣工に向けて担い手が育てられていった。また、活動の様子は学生やスタッフの手によってウェブやフリーペーパー等を通じて、市民に発信された。

観光協会を拠点に活動を継続する

駅前広場の竣工後は、まちづくりキャラバンで行ってきた業務の継続が課題となった。両研究室と行政がさまざまな検討をした結果、NPO化を予定していた北本市まちづくり観光協会（現北本市観光協会）に業務の一部が引き継がれることとなった。北本市観光協会の館長には、それまで行政、市民団体、そして大学をつなぐ役割を担ってきた時田隆佑氏（建築設計の出身）が就任した。北本市観光協会の活動として、月に１度「北本の観光のことを考えちゃわナイト」という市民会議を貝島氏や塚本氏を交えながら開催するなど、気軽にコミュニケーションを育む機会もつくられている。

プロジェクトの構想から竣工に至る過程で、建築設計を専門とするメンバーがそのスキルを生かしてワークショップや各種活動を行ったことによって、市民の希望が反映された駅前空間になったことは確かだ。また、分野の異なる専門家などが横断的に協働することによって、通常の駅前広場の計画よりも多くの事項が検討された結果、人びとにとって間違いなく使いやすい空間になっている、といえよう。

註
1　北本らしい"顔"の駅前つくり実行委員会編『北本らしい"顔"の駅前つくりプロジェクト本』
2　20年ごとに木を切ると、切り口がこぶ状に育つ。これが100年経つと「やまおやじ」となることから発案

DATA

活動主体：北本市、筑波大学貝島桃代研究室、東京工業大学塚本由晴研究室、アトリエ・ワン、北本市観光協会
拠点：北本駅前広場、まちづくりキャラバン、北本市観光協会など
期間：2008年〜
デザイン対象：駅前広場、会議の仕組みやワークショップの方法

[プロジェクトの変遷と市民活動の広がり]

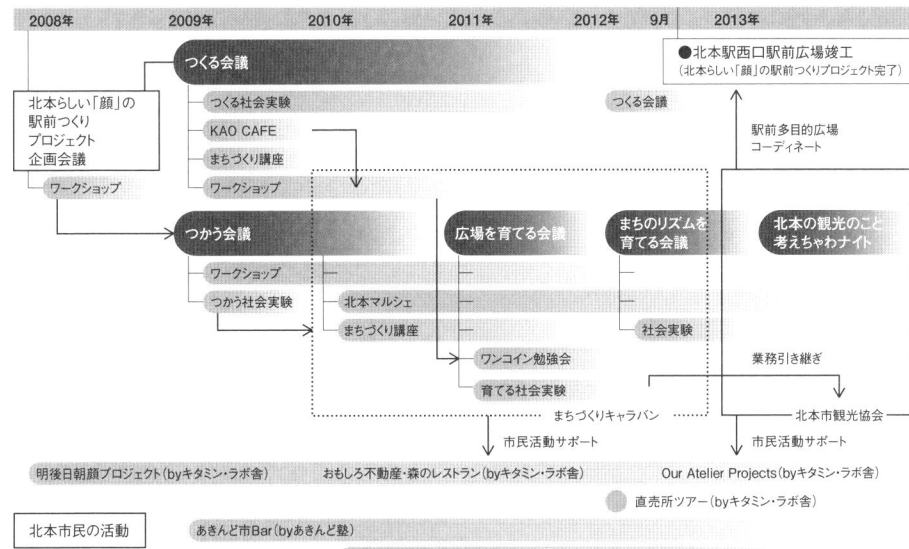

```
2008年        2009年         2010年        2011年         2012年    9月  2013年
                                                                    ●北本駅西口駅前広場竣工
                                                                      (北本らしい「顔」の駅前つくりプロジェクト完了)
  北本らしい「顔」の    つくる会議
  駅前つくり          つくる社会実験                        つくる会議        駅前多目的広場
  プロジェクト        KAO CAFE                                            コーディネート
  企画会議           まちづくり講座
     ワークショップ    ワークショップ
                                    広場を育てる会議   まちのリズムを   北本の観光のこと
                    つかう会議                       育てる会議      考えちゃわナイト
                       ワークショップ
                       つかう社会実験    北本マルシェ                社会実験
                                    まちづくり講座                           業務引き継ぎ
                                       ワンコイン勉強会
                                       育てる社会実験
                                              まちづくりキャラバン            北本市観光協会
                                                   市民活動サポート        市民活動サポート
```

明後日朝顔プロジェクト(byキタミン・ラボ舎)   おもしろ不動産・森のレストラン(byキタミン・ラボ舎)   Our Atelier Projects(byキタミン・ラボ舎)
                                                                          直売所ツアー(byキタミン・ラボ舎)

北本市民の活動   あきんど市Bar(byあきんど塾)
                              手仕事市(by手仕事市実行委員会)
                                                      星空映画祭(by鴻巣北本青年会議所)
                                       キャンドルナイト(by鴻巣北本青年会議所)
                                                      Chillart Lounge(by北本野外音楽祭)
                                                      雑木林の夏休み(by北本雑木林の会)

北本らしい"顔"の駅前つくりプロジェクトの進め方と、北本市内における市民活動の広がり(出典:『新建築』2013年10月号、図版作成:新建築社)

広場の使い方を検討する社会実験

道路に三角形のロータリーの線形を描き、実際にバスや車を走らせる

若干改修した空き家を拠点とした「まちづくりキャラバン」

駅前広場のイメージをみんなで共有する「妄想スケッチ」

街のリズムを育てる会議

広場を育てる会議

091

[構想する]　[SHIMANE]　[2008-]

ワークショップの手法を開発する
CitySwitch
島根県出雲市ほか

18

CitySwitchは都市再生のためのアイデアを生み出し、共有し、育てるための活動。2008年以降、島根県出雲市、オーストラリア・ニューカッスル、中国・大連、静岡県清水港などでワークショップを開催してきた。海外からの参加者、国内他都市からの参加者、地元市民といった背景の異なる人びとが、アイデアや価値感を共有できるようなプレゼンテーションの手法のデザインに注力している。

まちづくりの多都市展開

CitySwitchはワークショップをコアアクティビティとし、都市再生のためのアイデアを生み出し、共有し、育てるための活動。2007年にキックオフのシンポジウムを東京と出雲で開催し、2008年から現在に至るまで出雲での活動を継続している。2010年にはオーストラリアのニューカッスル、2012年と2013年には中国・大連市でワークショップを実施したほか、2012年には静岡の清水港での活動をスタート、2013年からはインドネシア・バンダアチェでのプロジェクトにも参加している。

CitySwitchは当初より多都市展開を念頭に置いていたこともあり、CitySwitchそのものが地域再生の主体になるのではなく、それぞれの対象地で活動を行う主体とパートナーを組むような仕組みをつくっている。出雲では地元の建築家を中心としたグループである出雲建築フォーラム（代表：江角俊則）や、地域の組織である木綿街道振興会などと一緒に活動を行っている。

インスタレーションで価値を共有できる風景をつくり出す

CitySwitchの活動は「複数の都市から異なる背景を持つ人びとが集まり、それぞれのアイデアや経験を交換するなかでイノベーションを創出」することや「1/1のインスタレーションやビデオといった、異なる専門や文化的背景、言語を持つ人びとがアイデアを共有し、表現できる方法論の開発」を意識しているところが特徴だ。アイデアを参加者の間で共有し、それを地域住民に対してプレゼンテーションするために、パネルや模

[多都市展開を図るCitySwitch]

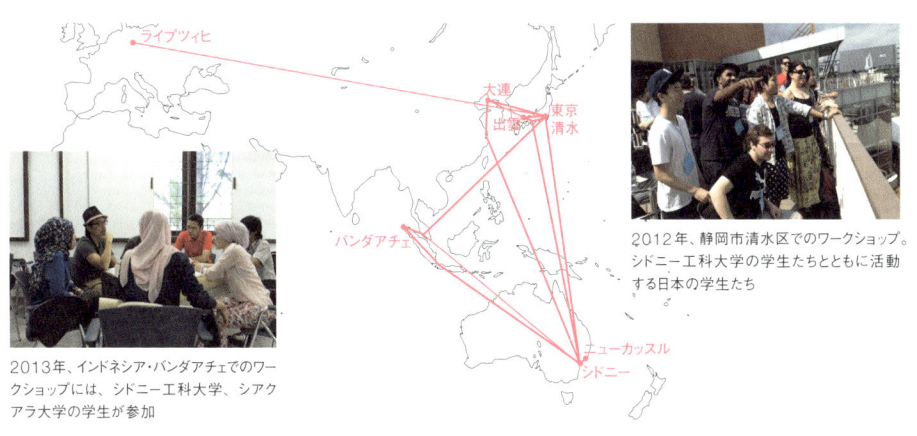

2013年、インドネシア・バンダアチェでのワークショップには、シドニー工科大学、シアクアラ大学の学生が参加

2012年、静岡市清水区でのワークショップ。シドニー工科大学の学生たちとともに活動する日本の学生たち

CitySwitchの活動領域（2013年現在）。2007年、東京と出雲で同時開催されたキックオフシンポジウム以降、静岡、オーストラリア、中国、インドネシアなど、国内外のプロジェクトに参加

前頁：出雲市雲州平田・木綿街道でのワークショップの様子。
カフェにする予定の空き店舗に原寸大模型を置いて、空間づくりや使い方を検討する（指導：山代悟、井上季美子）

[ワークショップを日常化する]

年度	タイトル	大社	木綿街道
2008	CitySwitch 出雲 2008 まちを元気にする技術 8月3－9日	■「8million –mobile–」 出雲大社の参道に八百万の神をあらわす仕掛けのインスタレーション	■「momen't」 川と街道、小路を使ったインスタレーションの実施
2010	CitySwitch 出雲 2010 つながりをデザインする 7月31日－8月8日	■「izumoizm」 町家をインフォメーションセンターとして活用することを提案 ■「おもてなし」 稲佐の浜と神迎の道に行灯等3つのおもてなしの提案 ■日本女子大スタジオ課題 町家「北のハウス」リノベーション	■「memory」 旧石橋酒造の記憶を留めるためのアートインスタレーション memory（2010）
2011	CitySwitch 出雲 2011 日常としてのワークショップ	おもてなし（2010）　8million（2008） ■日本女子大スタジオ課題 「出雲アーバンデザインセンターとマイクロパブリックスペース」	■第1回 旧石橋酒造活用提案WS／5月27－29日 イベントに合わせた酒蔵ホールの舞台背景となる幕の制作 ■福島行灯プロジェクト 「あんどんてんとう木綿を二本の松に結びましょう」 ■第2回 旧石橋酒造活用提案WS／8月5－7日 ブックマーケットや工房等の提案をまちの人と考える ■第3回 旧石橋酒造活用提案WS／11月3－7日 活用実験として、ブックマーケットを開催。 本棚のデザイン・制作
2012	CitySwitch 出雲 2012 まちのことづくり CitySwitch フォーラム 2012 シンポジウム　11月2日	■第1回 神門通り観光交流センターWS／2月23日 施設の使い方、おもてなしを考える ■第2回 神門通り観光交流センターWS／6月2日 パンフレット棚のデザインをめぐって ■第3回 神門通り観光交流センターWS ／8月24－27日　パンフレット棚を組み立てる ■神門通りおもてなしステーションオープン／10月3日	■ブックマーケット／2月12日 ■木綿街道WS／10月9－10日 地元の方を中心とした、旧石橋酒造の活用提案を考えるワークショップ ■CItySwitchフォーラム　ワークショップイベント ／11月25日
2013	CItySwitch出雲 2013	■第1回 大社で過ごす設えづくりWS／8月1－4日 神迎の道のまちあるき地図づくり、プレイベント ■第2回 大社で過ごす設えづくりWS ／10月17－20日 おもてなしの設えの家具、背景の制作	■第1回 木綿街道空家再生WS／5月24－26日 まち全体をひとつの宿と捉えた空き家活用WS ■第2回 木綿街道空家再生WS／9月10－14日 第1回目の提案を元にプロモーションビデオの制作 ■第3回 木綿街道空家再生WS／10月17－20日 空き家を使ったセルフビルドによるカフェの内装改修

出雲で行われたワークショップ、イベント一覧。地元の建築家を主体とした出雲建築フォーラムとCitySwitch Japanがパートナーとなり、プロジェクトが進む各地域の組織や企業、行政などと協働する

型といった手段だけでなく、住民や参加者自身が自分でその場所を体験できる1/1のインスタレーションをつくる方法を多く取り入れている。

2013年の出雲の雲州平田・木綿街道の空き家にカフェを構想するワークショップにおいては、通りのイベントの際に実際に空き店舗を開放し、あり合わせの家具や段ボールなどで「1/1の提案模型」をつくり、周囲の空間とのつながりがつくり出す可能性を探り、併せてカフェができることのアピールを行った。

2010年には出雲の神門通りの空き家をまちづくりセンターに改修することを提案した。室内の展示のモックアップの他、店先にオレンジと黄色の布と照明でインスタレーションを施し、これは後に実際の観光交流施設の提案につながっていった。

ビデオでストーリーを表現する

都市スケールの空間の提案や、長い時間がかかるために実際に体験してもらうことの難しいアイデアについてはビデオを積極的に制作している。

サンロード中町	一畑電車	雲南	出雲以外の地域での活動

■「つくる・すまう・商う」
商店街の中に「つくる」過程を盛り込む
ことを提案しポスター形式で発表

■「tea haus」
現代的な茶室と、茶室へのサインとしての
テープアートを提案

■「Slow Tourizumo」
電車と自転車を組み合わせたゆっくりとした
旅の提案のムービー制作

■「継承される風土」
廃校予定の小学校を地域の
つながりの場としての
活用提案

■CitySwitch Newcastle
@オーストラリア・ニューカッスル

■ばたチャリツアーリサーチ／5月7-8日
ばたチャリツアーのためのコースの調査
■第1回 無人駅改修提案WS
／7月16-18日
無人駅の美談駅と遥堪駅を対象に、
改修の提案
■ばたチャリツアー
■第2回 美談駅改修WS／
9月17-21日 第1回WSでの提案をもとに、
美談駅をセルフビルドで改修

継承される風土(2010)

CitySwitch Newcastle (2010)

つくる・すまう・商う
(2008)

ばたチャリツアー
リサーチ(2011)

■CitySwitch Forum001
@東京 HAPON
■CitySwitch 大連
CO-OPOLIS @大連
■風のブックマーケット @東京ホテル
■「都市の間」展 @ドイツ・ライプツィヒ 日本の家
CitySwitchみなとふじ2012 @清水

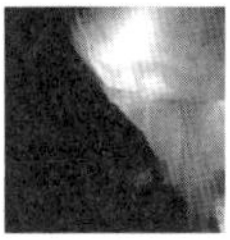

tea haus
(2009)

第1回 無人駅改修
提案WS(2011)

■CitySwitch 大連
CO-OPOLIS 2 @大連
■ KUPI Cultureワークショップ
@インドネシア・バンダアチェ

　2010年のニューカッスルにおいてはまちと港を分断する鉄道の一部廃止や軽量な新しい公共交通機関の導入といったスケールの大きな提案（指導：日高仁、西澤高男、山代悟）をビデオを通じて描いた。また、2011年に地元の私鉄である一畑電車と自転車を組み合わせたまちめぐりの提案では、まちめぐりの体験をビデオによって描き出し、その後、電鉄会社との共同で、実際にまちめぐりのツアーを行ったり、ビデオで提案されていた無人駅の改修をワークショップのなかでセルフビルドで行うといったステップにつながっていった。

参加をつくり出す

　2012年には前述した神門通りでの提案を下敷きに、出雲市が整備する観光交流施設「神門通りおもてなしステーション」の企画提案から設計、監理までをCitySwitchのプロジェクトとして行った。このなかではパンフレット棚「くもなわ」のデザインと製作を市民ワークショップを開催しながら進めた（設計：木内俊克）。デザインの段階

[まちの体験をビデオで描く]

鉄道と自転車を組み合わせた都市のあり方やツーリズムを考察する「City Mobility Project」では、鉄道と自転車を使ってめぐる体験を映像作品「Slow Tourizmo」にまとめ、こうした旅の楽しみ方、電車内の自転車スタンドや無人駅のリノベーションを提案

稲佐の浜　出雲大社前駅　出雲井社　山手往還　木綿街道の旧家　　レンタサイクル　雲州平田駅

ツアー1日目：歴史探訪コース　（出雲大社前〜山手往還〜高浜駅〜稲佐の浜）
ツアー2日目：水辺と街道コース　（電鉄出雲市〜川跡〜斐伊川〜木綿街道）

サイクリングロード

一畑電車

「Slow Tourizmo」で提案されたツアールートは、ワークショップで検討された（指導：ジョアン・ジャコビッチ）

「Slow Tourizmo」では、無人駅を開放的で心地よい空間にリノベーションすることを提案（左）。シドニーからの学生も参加して、無人駅をセルフリノベーション（右）

[インスタレーションでまちの価値を共有]

空き家となっていた町家で行ったインスタレーション。大社地区の観光情報を集めるインフォメーションセンターと位置づけ、ファサードを明るく設えた。後につくられる「神門通りおもてなしステーション」の下敷きとなった

上：古い店舗併用住宅を改修した観光交流施設「神門通りおもてなしステーション」。CitySwitchの活動として、市民ワークショップ、基本設計を進めた（指導：日高仁）。下：パンフレット棚は利用者や住民とともにデザイン、制作。レーザーカッターを使用し、ネジや釘を使わない組立て方法を工夫した

でワークショップを通じて、さまざまな意見や要望を取り入れるだけでなく、実際の組み立ての段階でも市民や施設の運営者、観光客といった人びとに参加してもらう。こういった一連の参加のプロセスを通じて、同施設のシンボリックな存在として愛着を生み出すことができた。

このようないくつかの方法論をもって、各都市・各地域の団体との協働を行うことによって、それぞれの地域での都市再生に取り組み、そこで得られたアイデアや経験を他都市でも応用してみるという水平展開を図っている。

DATA

活動主体：CitySwitch Japanと地元団体（出雲建築フォーラム他）
拠点：出雲市内の複数の地域で展開
期間：年1回のワークショップからスタートし、近年は2～3日のワークショップを年に10回程度開催
資金：芸術文化振興基金などの助成金の他、企業や行政からの資金を組み合わせる
デザイン対象：ワークショップの手法。家具から通りの修景まで、スケールを問わず実施

[構想する]　[GERMANY]　[2004-2009]

まちかどの共有の場所を構想する
オープンエアー・ライブラリ
ドイツ・マクデブルク

19

2009年、ドイツ中部のまちマクデブルク市の南にあるザルブケ地区に、小さな「オープンエアー・ライブラリ」が完成した。敷地は常に開放されていて自由に本を読むことができ、近所の人びとが集う。週末には舞台でコンサートや地域のイベントが行われる。まちかどののどかな空間は、公共建築への投資を期待できない衰退著しい地区で、住民が建築家とともにつくり上げたチャレンジングな「共有の場所」である。

空き家率80%のザルブケ地区を再生

ザルブケは、マクデブルク市の中心部からトラムで30分ほどの場所にある人口約4,000人の地区である。1990年の東西ドイツ統一後、産業の空洞化によって地区は一気に廃れ、空き家率は80%にも上っていた。2004年、市に地区再生のアイデアを求められたマクデブルクの建築家S.エリングザールマン氏（Architektur+Netzwerk）とライプツィヒの建築家S.レティッヒ氏（KARO* Architekten）らは、地区の中心部に位置する空き地に注目した。以前ここには市立図書館が建っていたが、80年代の火事で焼失したままになっていた。図書館の復活は住民の悲願であり、ザルブケ住民協会は独自にコツコツと蔵書を集めていた。建築家らは、空き地を「読むための空間」として再生することを市と地元住民に提案した。これが「オープンエアー・ライブラリ」誕生のきっかけである。

ビールケース・インスタレーション

2005年10月、具体的な空間づくりの第1段階として、ミニ・ワークショップが行われた。モデレーターは前述の建築家で、住民協会のメンバーなど30人ほどが集まった。ワークショップでは、「書庫の壁」「舞台」「緑の居間」という重要な空間的コンセプトが生まれた。最後の週末には、約1,000個のビールケースを用いた原寸大の模型が住民らによって建てられ、2日間にわたってフェスティバルが開かれた。空き地に空間

住民が建築家とともにつくり上げた「オープンエアー・ライブラリ」。敷地面積は488㎡。ガラスボックスには市立図書館の蔵書の一部が置かれ、自由に取り出して読むことができる。現在はイベント時にのみ本を置いている　©Anja-Schlamann

前頁：約1,000個のビールケースを用いてつくられたライブラリの原寸模型完成を祝うフェスティバルの様子　©KARO* architekten

解体されたハム市のデパートのデザインは西ドイツの建築家エゴン・アイアーマン氏（1966年竣工）　©KARO* architekten

が立ち上がったインパクトは絶大で、住民たちが空間を実感し、実現させたいという気持ちを引き出した。インスタレーションの成功が後押しとなり、2006年に連邦政府の中心市街地活性化を目的とした助成金「実験的住居・都市開発助成（ExWoSt）」の交付が決まり、実現のめどがついた。

プランニング・キャンプとファサード材

その後、具体的な空間を詰めていくプランニング・キャンプが行われた。近所の空き家を6週間借り、オープニングアワーを設け、模型材料を用意し、いつでも市民らがデザインに関われる空間をつくった。その結果、大まかな空間の構成と、建材に「リサイクル材を用いる」ことが決定し、本格的な設計は建築家（KARO* Architekten）に委ねられた。その後マクデブルクから300km西に離れたハム市にある1960年代竣工のデパートの外装材が格安で提供されているという知らせが舞い込んだ。ビールケースの寸法と近似していたことも手伝って、住民に好感をもって受け入れられた。しかし市は安全検査の必要性を理由に即時の買い取りを渋った。検査には4週間ほどかかり、その間に他の買い手がつく可能性があったため、業を煮やした1人の住民がポケットマネーで6,900ユーロを立て替え、この外装材を購入した。この住民の勇気ある行動がなければ、特徴的なファサードは実現しなかったかもしれない。

「公共建築」から「共有の場所づくり」へ

2009年の竣工後、「オープンエアー・ライブラリ」は「住民参加型プロセスと高いデザイン的完成度を両立した」ことを理由に、2010年の「欧州都市公共空間賞」をはじめとした数々の建築賞・都市計画を受賞した。存続の危ぶまれる地区で、行政の公共投資を期待していても何も始まらないという危機感から、住民が建築家とタッグを組んで積極的に「共有の場所づくり」を行っていった。この小さなまちかどの空間は、「公共建築の分配」が行き詰まったあとの、新たな場所づくりのモデルを我々に示している。

DATA

活動主体：設計・住民参加プロセス＝ KARO* architekten & Architektur+Netzwerk、発注＝マクデブルク市、運営・管理＝Bürgerverein Salbke, Fermersleben, Westerhüsen e.V.

資金：工費は約 32万5,000ユーロ。連邦政府助成金＝デザインプロセスと建築物［実験的住居・都市開発助成（ExWoSt）］、土地取得と緑地造成［社会都市（Soziale Stadt）］

デザイン対象：空き地の利用方法

［オープンエアー・ライブラリのできるまで］

プロジェクト開始（2004）

構想

2005年10月　ミニ・ワークショップ
　　　　　　＋
　　　　　　ビールケース・インスタレーション

住民同士のネットワーキングが行われ、空間コンセプトと利用イメージが話し合われた。最週末にはビールケースを用いた原寸大の模型づくりが行われた

ミニ・ワークショップの様子 　　ビールケースを組み立てる子どもたち 　　本を読む住民たち
© KARO* architekten, Sabine Elling-Saalmann

連邦政府の助成金「実験的住居・都市開発助成（ExWoSt）」交付の決定（2006）

設計

2007年3〜4月（6週間）　プランニング・キャンプ

空間構成、ボリュームが住民によって検討された。素材のコンセプト「リサイクル」が決定した

プランニング・キャンプの様子

2007年〜2008年（不定期）　相談会

建築家が提案する形で、重要な建材やディテールを決定する際に開かれ、住民らの意見と了承を得ていった。ファサード材はこの時期に購入された

デパートのファサード材。アルミ製、50×50cm

施工開始（2008年11月）

施工

2009年5月　グラフィティ・ワークショップ

基礎部分に地元のグラフィティアーティストが描いていった

建物の基礎に描かれたグラフィティ

竣工・オープニングパーティ（2009年6月）

オープニングパーティの様子
上4点とも、© KARO* architekten

101

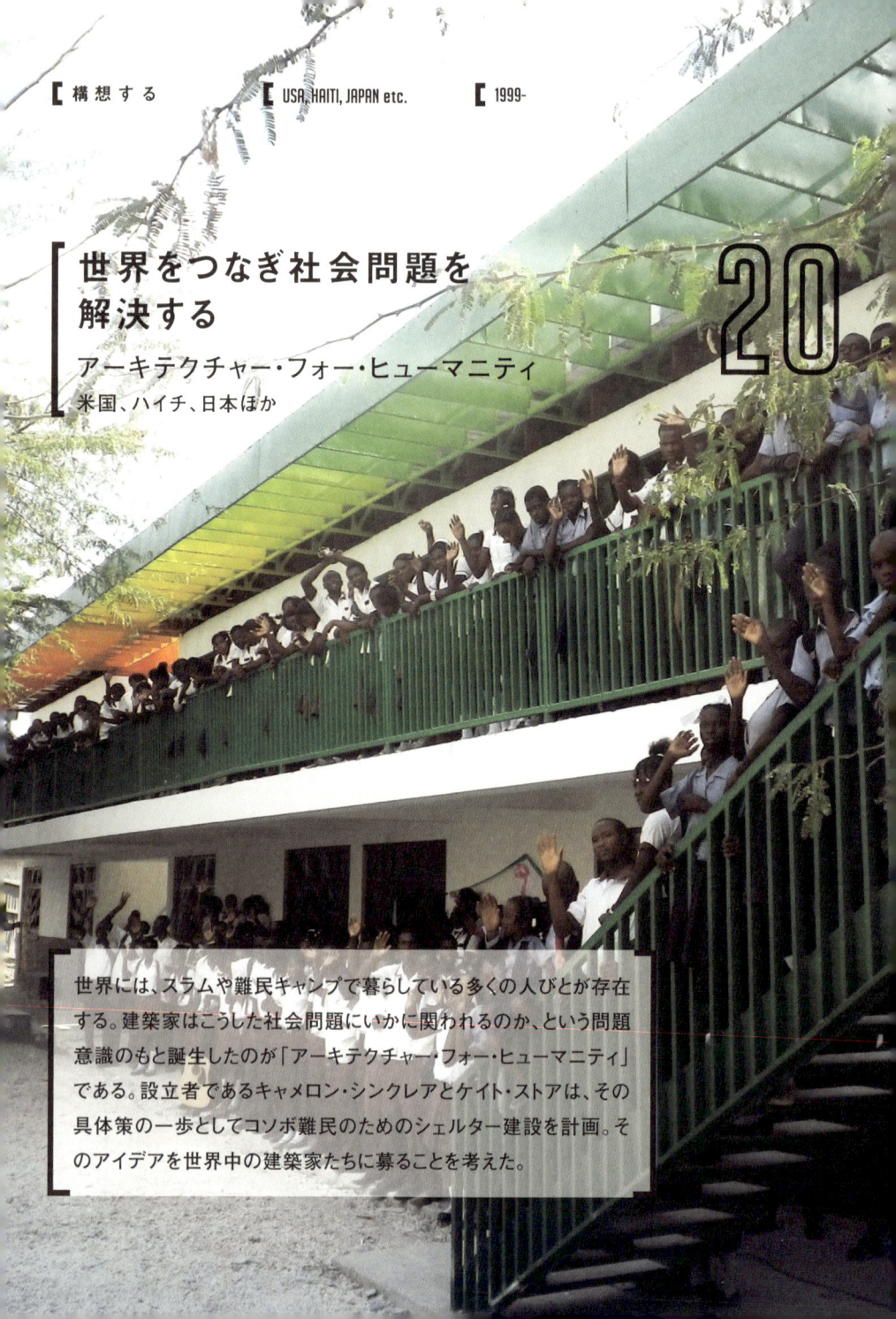

[構想する]　[USA, HAITI, JAPAN etc.]　[1999-]

世界をつなぎ社会問題を解決する

アーキテクチャー・フォー・ヒューマニティ
米国、ハイチ、日本ほか

20

世界には、スラムや難民キャンプで暮らしている多くの人びとが存在する。建築家はこうした社会問題にいかに関われるのか、という問題意識のもと誕生したのが「アーキテクチャー・フォー・ヒューマニティ」である。設立者であるキャメロン・シンクレアとケイト・ストアは、その具体策の一歩としてコソボ難民のためのシェルター建設を計画。そのアイデアを世界中の建築家たちに募ることを考えた。

コンペを通じて
社会問題への関心を集める

　さまざまな社会問題に対して、建築にできることは少なくない。建築によって社会問題解決に寄与したいと考えている建築家も少なくないはずだ。しかし、得てしてこうした建築プロジェクトにはニーズはあるものの、その状況が広く知られておらずアクセスしにくかったり、建設費が賄えなかったりと、1人の建築家として取り組むにはハードルが高いものである。こうした状況のなか、災害などの危機や貧困といった社会問題を、建物をつくることで解決しようと設立されたのがアーキテクチャー・フォー・ヒューマニティ（Architecture for Humanity：AFH）である。

　1999年、AFHはコソボ紛争後に住まいを失った何十万もの難民のためのシェルター計画案を募るコンペを企画した。提示した条件は、現地にある資材を使って、地元の人びと自身の手で建設できることである。インターネットを通じた告知のみだったにもかかわらず、30カ国もの建築家やデザイナーから200以上のアイデアが集まり、最終的に5つのプロトタイプが選ばれた。

　このコンペを通じてコソボ難民の問題が世界に発信されたことによって、10万ドル以上もの寄付が集まり、シェルターの建設費として活用する

AFHによるコンペ「Open Architecture Challenge」では、さまざまな社会問題に対し、建築の視点から総体的な解決策の提案を呼びかけている。2011年に行われたコンペ「[UN] Restricted Access」では、すでに使われなくなった軍事用地や施設をコミュニティ主体の平和的施設に変えるという課題に対し、74カ国から174の応募があった。そのうち13プロジェクトは、2012年のヴェネツィア・ビエンナーレで展示された

前頁：アーキテクチャー・フォー・ヒューマニティの現地オフィスのスタッフと学校関係者、生徒たちがともにデザインし、現地の施工者とともに建設されたハイチの中学校

103

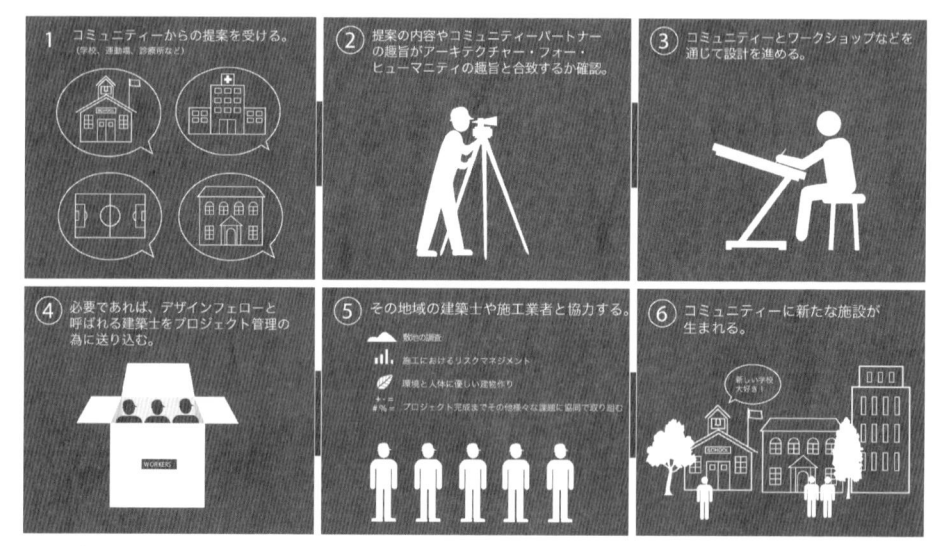

①　コミュニティーからの提案を受ける。（学校、運動場、診療所など）
②　提案の内容やコミュニティーパートナーの趣旨がアーキテクチャー・フォー・ヒューマニティの趣旨と合致するか確認。
③　コミュニティーとワークショップなどを通じて設計を進める。
④　必要であれば、デザインフェローと呼ばれる建築士をプロジェクト管理の為に送り込む。
⑤　その地域の建築士や施工業者と協力する。
・敷地の調査
・施工におけるリスクマネジメント
・環境と人体に優しい建物作り
・プロジェクト完成までの様々な課題に協働で取り組む
⑥　コミュニティーに新たな施設が生まれる。

AFHのプロジェクトでは、地域が必要とするものを、その地域の建築士や施工業者などと協働してつくっていくことにより、建物が箱ものではなく、住民たちに「自分たちのもの」として長く使ってもらえるように、設計の初期段階から住民に参加してもらう

ことができた。コンペは世界中の専門家から建築知識を集めるためのツールであり、また社会問題に共感し資金提供してくれる人びとを募るメディアともいえるのだ。

世界をつなぎ建築知識を共有する

AFHでは、その後もエクアドル、ブラジルほか数々のコンペを企画し、住宅や学校などを建設してきた。興味深いのは、こうしたコンペを通じて集められたアイデアや実現した建築のデザイン、設計図、現場の状況などをオープンソース化し、建築家同士が意見やアイデアを共有し、ドナーや一般の人びとにもさまざまなプロジェクトのことを知ってもらえるようなプラットフォームとしてウェブ上に「オープン・アーキテクチャー・ネットワーク（Open Architecture Network）」と称した

オープンソースアーカイブがつくられていることである。

たとえばハイチ地震の際は、地域の再建活動と並行して、地元住民が自分たちの手でより安全な建物を設計・施工していくことができるようCADや施工の職業訓練を行う現地オフィスを開設。より頑丈な建物をつくるための建築マニュアルがつくられ、オープン・アーキテクチャー・ネットワークでオープンソースとして公開しており、同じような問題を抱える地域での利用を促している。こうしたツールの利用によって、復興への時間短縮とコスト軽減が期待できる。

活動を支える組織づくり

現在、AFHは本部（サンフランシスコ）と現地オフィス、チャプター（支部）で構成されている。現地オフィスは、ポルトープランス（ハイチ）、石

ハイチは地震が多いにもかかわらず、建築施工のスキルが及ばず、粗悪な建物が多いため、設計・施工技術をマニュアル化。現地の建築士や施工者が丈夫で安全な建物をつくれるようになった

世界中で実践された優れた手法を同じような問題を抱える地域に広めるため、オープン・アーキテクチャー・ネットワークを構築。画期的なプロジェクトを閲覧でき、図面、資料、写真もダウンロード可能

巻（日本）、ケープタウン（南アフリカ）、ニューヨーク（米国）、ボゴタ（コロンビア）など、5都市に設置されており、世界各国で進行するプロジェクトの活動拠点となっている。一方チャプターは、現地の建築士がボランティアで設立する組織で、現在、日本を含め世界中に50以上散らばっている。チャプターでは、その地域で必要とされているプロジェクトを自ら開拓、ファンドレイズしコミュニティとともにプロジェクトを進めていくが、AFH本部より活動を運営していくためのノウハウの提供を受けることができる。チャプターへの登録は、ウェブサイトから行うことが可能だ。

AFHは、その知名度が高くなるにつれ、大企業から連携のオファーもかかるようになり、活動の規模も大きくなっている。今日では、クラウドファンディングのように共通の問題意識を持つ人たちから資金を募るシステムが整備されている

が、AFHは設計コンペという建築ならではの仕組みを通して、今日的な、すなわちグローバルなネットワーク上に散らばる無数のアイデアや資金を集めて大きな力にする方法をいち早く確立したといえるのかもしれない。

こうした試みは、ある社会問題に対して共感を持つ人びとをつなぎ合わせる仕組みによってプロジェクトを実現させるという、新たな建築のあり方に対するひとつの解法を提示している。

DATA

活動主体：アーキテクチャー・フォー・ヒューマニティ (Architecture for Humanity)
規模／拠点：スタッフ37人、デザインフェロー13人／本部＝サンフランシスコ、現地オフィス＝世界5カ所、支部＝世界52カ所
資金：企業、政府機関、財団、個人からの寄付・助成金
デザイン対象：建築で解決できる社会問題への取り組み方法

[構想する]　　MIYAZAKI　　2011-

コミュニティデザイナーと協働する

延岡駅周辺整備「駅まちプロジェクト」
宮崎県延岡市

21

宮崎県延岡市では、市民、行政、建築家、そしてコミュニティデザイナーが参加する駅周辺の整備事業が行われている。設計を始める前のプログラムづくりを多主体で行うのが特徴で、行政や事業者、専門家が集う「駅まち会議」や空間の利用方法をオープンに考える「駅まち市民ワークショップ」など、公共空間生成の仕組みをメタ的にデザインする新たな取り組みとなっている。

ソフトとハードのデザイナーが
協働=延岡方式

　2011年2月、延岡駅周辺整備デザイン監修者プロポーザルで、建築家・乾久美子氏が選定された。対象となる駅前広場、周辺の施設など約1.6haは、10年間に居住人口が13%減少するなど、中心市街地の空洞化問題を抱えたエリアだった。

　プロポーザルに先んじて、コミュニティデザイナーとして山崎亮氏（studio-L）の参加が決定していた。当初、市はデザイン監修の相談を山崎氏に持ちかけた。しかし、山崎氏は「単純に施設を新しくしても人は集まらない」と考え、周辺の空き店舗で市民参加型のイベントを行うなど、エリアマネジメントや市民団体の育成を提案した。かくして、市公認で、駅周辺整備をコミュニティデザイナーとハードのデザイナー（建築家）が両輪となって推し進めることとなる。

　プロポーザルでは、具体的なデザイン案ではなく「中心市街地の問題をどうとらえているか」「住民参加で空間をデザインしていく際に何を大切にしようと思っているのか」[1]という問いに対する答えが求められた。なぜならば、市民参加を前提に基本計画を行う場合、あらかじめ想定した建築面積や機能などは流動性を持つからだ。したがって、多様な意見抽出とその情報整理や集約、空間への還元といったダイナミズムに併走するこ

基本計画のために開設した「駅まちプロジェクト事務所」。2013年5〜9月、延岡市栄町の商店街にある空き店舗に開設され、情報共有の場として活用された

基本計画に沿って計画中の駅舎パース。JRの改札と市民活動のスペースが開放的につながっている

前頁：駅まちワークショップで基本計画の説明をする乾久美子氏（上）と山崎亮氏（下）

107

とが、建築家に求められていたのだ。デザイン監修者とコミュニティデザイナーがともに仕組みと形をつくっていくこの方法は、「延岡方式」と称されている。

コミュニティデザインの役割

では、コミュニティデザインとは、具体的に何を行うものなのだろうか。

テーマ型のコミュニティをつくるために、1）ヒアリング：地域の人の情報を聞き、地域の人との関係性をつくる、2）活動団体のワークショップ、3）チームビルディング：それぞれが活動できるプラットフォームをつくる、4）初動期の活動支援：イベント開催や会計処理など運営を支援、という4つの段階があると山崎氏は位置づけている[2]。しかし、この定義はプロジェクトによって当然、差異がある。

延岡では、主に2つの集まりを通じて、合意形成と空間への意見集約が行われている。1つは、行政や事業者、乾氏や山崎氏が参加する「駅まち会議」（委員長：内藤廣）である。「駅周辺の空間デザインの方向性や各施設の配置および動線計画について、合意形成を図りながら基本計画をまとめる」ことを目的に設置され、2011年5月～12年5月まで6回開催された。

もう1つは「駅まち市民ワークショップ」で、広場や東西を結ぶ自由通路に対する具体的な市民の要望をまとめている。ワークショップのファシリテーションは、コミュニティデザイナーが行うが、デザイン監修者も参加する。その内容を受けて「駅まち会議」で議論し、空間化につなぐ。たとえば、市民プログラムに対応するために、内外部の境界をコントロールできる可動式のガラス間仕切りを用いる、東西自由通路は防犯性と開放性を重視する、などである。

ここでは、ワークショップを建築に関わる意見抽出のためだけに位置づけているのではないことが特徴だ。そもそも事業のコンセプトは、駅周辺地域で市民活動を展開することであるため、

［延岡市の現状・課題に基づく、基本計画の進め方］　　　　　　　　　　　　　　参考：「延岡駅周辺整備計画 概要版」

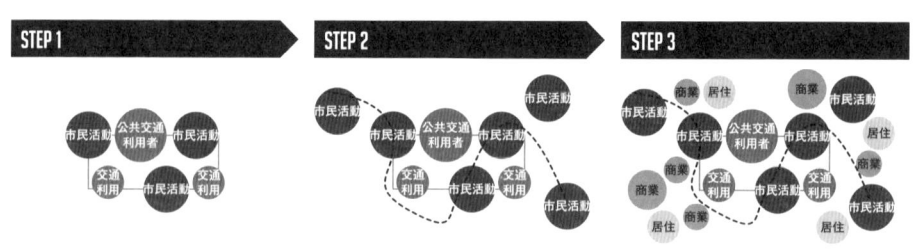

STEP 1
駅周辺整備①
公共交通利用者と市民活動の混在・共存

STEP 2
駅周辺整備②
市民活動がまちに波及

STEP 3
中心市街地まちづくり③
来街者が増え商業が再生。住環境が向上し居住者が増加

108

完成後の空間運営のための組織づくり、市民サポーターの育成が目的なのである。2011年に約半年で5回開催し、毎回100〜120名程度が参加するなかで、駅周辺で行う市民団体の活動プログラムは、公共サービスとして提供する合意がなされた[3]。

基本計画が終了した後も、ハード整備とソフト事業をともに継続している。

受け身ではないシナリオプランニング

こうした建築のプロセスについて、乾氏は「下手をすると単なる妥協の産物のお手伝いをしてしまうことになる」と設計者としての振る舞いを戒めつつ、「できるかぎり先を読んで」「全体の中に統合したりすることはとても大切」と記している。シナリオプランニングの先に生まれるデザインについて「『ああならざるを得ない』ところに、面白みとか創造性を感じる」[4]とも。

静的なプログラムを解いて建築をつくるだけでは、課題解決に至らないことも多々ある。その対極ともいえる延岡方式は、設計プロセスそのものを見直し、ダイナミックな空間をつくるパイオニア的方法論となるだろう。

註
1 ウェブサイト「街元気」経済産業省中心市街地活性化推進室
2 山崎亮・乾久美子『まちへのラブレター』学芸出版社
3 前掲ウェブサイト
4 山崎・乾、前掲書

DATA

活動主体：延岡市、JR九州、駅周辺事業者（事業主）、駅まち会議＝内藤廣（委員長）、山崎亮（委員）、乾久美子（デザイン監修者）、延岡市（事務局）ほか委員12人、駅まち市民ワークショップ＝山崎亮／sutudio-L（ファシリテーション）、市民、交通事業者（各回参加者：約100人）
規模：宮崎県延岡市JR延岡駅前広場周辺（1.6ha）
期間：2011年〜
デザイン対象：駅・駅周辺施設、意見抽出・集約・決定の仕組み（会議、ワークショップ）

[延岡方式]

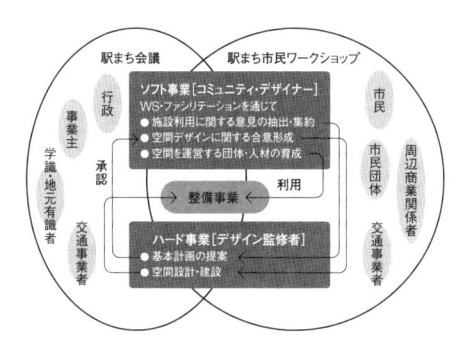

コミュニティデザイナーとデザイン監修者が基本計画をまとめる

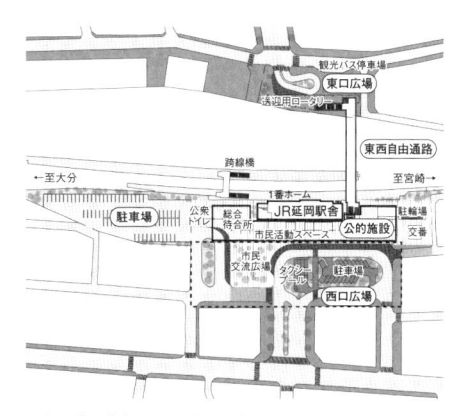

駅前配置の基本的な考え方。駅舎と広場をつなぐ場所に、ガラスのパーティションを用いた公的施設を整備していく

[公共施設を幸せに統廃合する]

鶴ヶ島プロジェクト
埼玉県鶴ケ島市

SAITAMA　2012-

22

日本国内大半の都市において、公共施設は次の数十年でますます老朽化していく。さらに高齢化、生産人口減少といった問題が、維持管理費の削減に拍車をかけ、これらの施設をどのように維持・更新していくかということは、大きな問題である。「鶴ヶ島プロジェクト」は、そこに1つの可能性を示す。キーワードは、行政と市民の間に入る大学だ。

大学が市民と行政の間に入る

 池袋駅から東武東上線で40分、埼玉県中部にある鶴ヶ島市、人口7万人の典型的な郊外都市がこの話の舞台だ。2012年、鶴ヶ島駅にほど近い東洋大学理工学部建築学科で教鞭を執る建築家の藤村龍至氏が、Twitterを通じて鶴ヶ島市長とのコミュニケーションを取り始めたことが、このプロジェクトの始まりだった。

 高度経済成長期に一気に整備された公共施設は今後、高齢化や生産人口の減少、さらに財政難のなかで更新し続けることが難しくなることは必至だ。打開策として、1つ考えられるのは公共施設の統廃合。しかし、このような統廃合において、市民たちの合意を形成していくことが難しいことは、容易に想像できる。一方で日々、建築学生に対する新たな教育手法を考えていた藤村氏は、「市長や行政職員が、いきなり統廃合を提案すると角が立つ。もし、大学が市民と行政の間に入り、サポートできる体制をつくることができれば、みんなに話を聞いてもらえる場をつくれるのではないか」と考え、市長に提案した。このことはやがて、建築学科の学生に対して「行政の公開情報をもとに維持可能な床面積を予想し、公民館機能を複合化した小学校を設計する」という課題を出し、その成果物を市民とともに議論しながらつくり上げていくプロジェクトとして進めていくことになった。

大学と市民が育み合う

 具体的には、鶴ヶ島市の住民とともに「パブリックミーティング」と呼ばれるワークショップを2週間に1度行った。建築学科の複数のチームは、考案した公共施設の統廃合の案を住民の前でプレゼンテーションし、それに対して住民たちは投票を行う。最後に、質疑応答を経て1位を決定する。建築学科の提案を市民にプレゼンテーションする事例は他にも見られるが、「鶴ヶ島プロジェクト」のように「パブリックミーティング」を5回も繰り返すものはこれまでにない。

 学生たちは、住民から受けた要望や意見をフィー

学生が作製した案を地域住民にプレゼンテーション

学生が提示した9案を、住民の投票で4案に絞る

前頁：市役所での展示期間最終日に企画された公開討論会の様子。市議会の会期に合わせて開催した

[鶴ヶ島プロジェクト相関図]

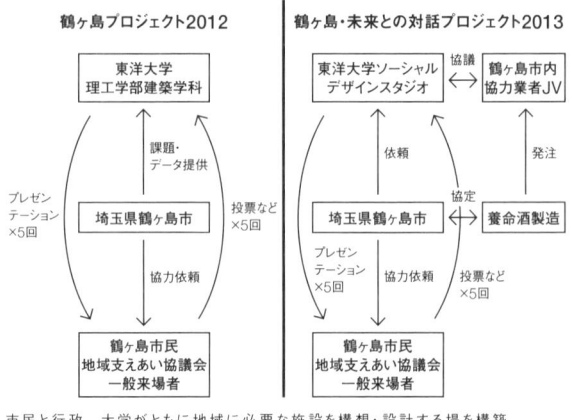

パブリックミーティング終了後、鶴ヶ島市役所にて展覧会を開催

市民と行政、大学がともに地域に必要な施設を構想・設計する場を構築。2013年のプロジェクトでは、地元企業も加わり、実施設計に取り組む

「鶴ヶ島・未来との対話プロジェクト2013」パブリックミーティング

ドバックさせ提案し続けていく。最初は大まかな配置程度だった案も、回を重ねるごとに、より具体的な提案へと変貌していく。ここで重要なポイントは、この一連のワークショップは、大学生はもちろんのこと、参加する住民たちにとっても、公共インフラの統廃合に対する知識や見解を深めていくという"学びのプロセス"になっているということだ。住民たちが自分たちのまちの未来を具体的に描く機会がほとんどない日本において、この手法は全国の過疎化が進む都市に希望の光を与える。

翌年、実施プロジェクトへと発展

2012年の「鶴ヶ島プロジェクト」は仮想のプロジェクトを課題とし、進められてきたが、2013年は「鶴ヶ島・未来との対話プロジェクト2013」と題し、民間と大学と行政とのコラボレーションに発展した。工場跡地に建設される巨大なメガソーラー発電所に、環境を学ぶ施設を建てようというものだ。その提案を東洋大学の学生たちが、市民の声を聞きながら形にしていく。また、同年から同様の手法を用いて、東洋大学と東京藝術大学が協働して、さいたま市大宮駅東口の再開発の提言を行う「大宮東口プロジェクト」も始まった。「鶴ヶ島プロジェクト」で生まれた手法は、"まちにこれから起きる変化に向け、自分たちのまちには何が必要なのか"ということを、市民、行政、大学が、1つのテーブルの上で一緒に向き合う装置として有効に広まっていく。

DATA

活動主体：東洋大学ソーシャルデザインスタジオ、埼玉県鶴ヶ島市
規模／拠点：パブリックミーティングで提案した学生10人、教員2人／東洋大学理工学部建築学科、鶴ヶ島市役所など
期間：2012年〜
デザイン対象：市民、行政、大学がともに地域施設を構想するシステム

[住民・地域にオープンな設計プロセス]

2012年度

「鶴ヶ島プロジェクト2012」
鶴ヶ島第二小学校と南公民館を複合する施設を提案

▽

5月9日	キックオフミーティング(9案提案→投票→4案選出→WS→投票)
5月23日	第1回パブリックミーティング(9案提案→投票→4案選出→WS→投票)
6月6日	第2回パブリックミーティング(9案提案→投票→4案選出→WS→投票)
6月20日	第3回パブリックミーティング(9案提案→投票→4案選出→WS→投票)
7月4日	第4回パブリックミーティング(9案提案→投票→4案選出→WS→投票)
7月18日	第5回パブリックミーティング(9案提案→投票→4案選出→WS→投票)
9月3〜14日	展覧会「公共建築から鶴ヶ島の将来像を考える」 (鶴ヶ島市役所1階ロビー)
9月14日	シンポジウム「公共建築から考える鶴ヶ島の将来像」 パネリスト:根本祐二(東洋大学経済学部教授兼PPP研究センター長)、 工藤和美(東洋大学建築学科教授)、 藤村龍至(東洋大学建築学科専任講師)、 藤縄善朗鶴ヶ島市長
12月3〜8日	展覧会「公共建築から考えるソーシャルデザイン・ 鶴ヶ島プロジェクト2012」(渋谷ヒカリエ8/COURT)

第1回パブリックミーティング 地域住民から選出された4案を自らプレゼンする学生たち

案が絞られるなか、学生たちは作家軸、技術者軸、プランナー軸の3つのグループに分かれて案をより深めていく

2013年度

「鶴ヶ島・未来との対話プロジェクト2013」
鶴ヶ島市に建設中の太陽光発電施設の一角に
環境教育施設を提案・設計

▽

4月11日	キックオフミーティング
5月11日	第1回パブリックミーティング(10案提案→WS→投票)
5月25日	第2回パブリックミーティング(10案提案→WS→投票)
6月22日	第3回パブリックミーティング(統合案3案提案→WS→投票)
7月13日	第4回パブリックミーティング(統合案1案提案→WS)
7月22〜27日	展覧会「鶴ヶ島・未来との対話プロジェクト2013」 (鶴ヶ島市役所1階ロビー) ＊会期中、学生によるギャラリートークを毎日開催
7月27日	最終パブリックミーティング 「ソーシャル・ネットワーク時代の公共建築」 (ゲスト:難波和彦、塚本由晴/パネリスト:藤縄善朗鶴ヶ島市長、 工藤和美、藤村龍至)
9月11〜22日	SD Review 2013出展(ヒルサイドテラス)
9月28日 〜10月14日	SD Review 2013出展(京都工芸繊維大学美術工芸資料館)

渋谷ヒカリエでの展示。合計9チームによる設計室の模型群が時系列に並び、プロジェクトを疑似体験できる

「鶴ヶ島・未来との対話プロジェクト2013」では、パブリックミーティングを介して10案を1案に統合

【 構想する 】　【 FUKUOKA 】　【 2011- 】

与条件に遡って構想し、自ら運営する
リノベーションスクール＠北九州
福岡県北九州市

23

［ リノベーションスクール＠北九州は同市の中心商店街の再生、空き店舗を利用した事業の内容からリノベーションの設計までの一連を対象とした短期集中のワークショップ。そこで生まれた提案を下敷きに実際に事業化するためのまちづくり会社が設立され、アイデアを生み出すことと実行という1つの流れをつくり出している。自ら事業主になることでまちを実際に変えて行く可能性を示している。］

事業を生み出すスクール

　全国各地で、大学や市民団体を中心として、無数のワークショップが開催されているが、その多くはアイデアを語り合うものであったり、ある大きな計画の一部を手続き的に承認するものになっている場合も多い。

　そのようななかにあって、リノベーションスクール@北九州は1年に2回、4日間ほどの短期集中で開催されるワークショップである。北九州市魚町地区を中心とした具体的な空き物件やクライアントに対して、建築的な空間や家具等のデザインだけでなく、そこで行われる事業の内容や事業性の検討に力点が置かれているのが特徴だ。

　ワークショップ期間中には、都市経営、不動産開発、リノベーションデザイン、仕事のつくり方といった多角的な視点からのレクチャーと指導が行われる。2011年7月の第1回スクールののち、2013年8月までに5回のスクールが実施されている。当初は一般社団法人HEAD研究会（理事長：松永安光）が主催してスタートし、その後も多くの組織を巻き込みながら開催されている。現在は北九州市の主催ととなり、同研究会は企画・運営の一端を担っている。

ワークショップ形式のスクールとまちづくり会社

　このワークショップは空き店舗の再生を中心のテーマとして設定しているが、ワークショップでの

三木屋ビル
木造2階建ての民家をレンタルスペースとして再生。カフェも併設し、各種パーティにも対応可能。
左は改修前の様子

尾崎繊維ビル
北九州の文化発信の拠点として再生。1階「Rocota Cafe」では、さまざまなイベントが開催されている。
左は改修前の様子

前頁：商店街の空き物件で行われた第4回リノベーションスクールのオープニングパーティの様子。スクールでは4日間という短期間で、空き物件の再生事業計画を練り上げる

提案を、そのままで終わらせるのではなく、ブラッシュアップした形で、実際に事業化するプロセスとそのための組織を準備しているところに特徴がある。

北九州市の出身であり、スクールの企画、ユニットマスターなども務める嶋田洋平氏（らいおん建築事務所）らが代表となって「北九州家守舎」などのまちづくり会社が設立され、スクールでの提案を下敷きにしながら、不動産所有者の状況に応じて、まちづくり会社自身が事業者となって、事業を組み立て、空間をリノベーションし、運営を行うといった流れをつくり出している。

ワークショップの受講者は毎回40〜50名程度だが、そのうち4割が学生で、6割は建築、不動産、行政などの社会人。都市経営、地域経営といった視点を学べるため、社会人の需要も高い。

事業を仕掛ける側だけでなく地域の不動産オーナーや仲介業者のためのスクールも開催され、重要なプレイヤーである、地域の不動産関係者の意識改革にも着手している。

人を育て、事業を育てる

一般に、建築家は、ある事業を構想した事業者からプログラムや、使える予算の額を提示され、その「与条件」に合ったデザインを提供する。一方で疲弊した商店街等のように、空き物件といったある種の「可能性」は議論可能であっても、そこで実際に事業を行う事業者が見つからない場合もある。どの程度の資金をつぎ込んで建築、リノベーションしてもいいのかといったことも、成長期にある計画以上に、より精緻な見通しが必要だ（成長期には多少の誤差は、いずれ埋め合

［空きビル再生を事業化する仕組み］

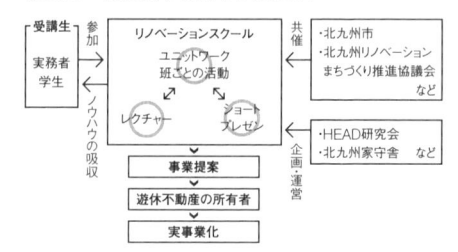

リノベーションスクール北九州でまとめられた提案を、HEAD研究会や北九州家守舎などのバックアップのもと事業化するプロセスと組織を準備している

わされるが、縮小期にはそれが見込めない）。

このようななかで、実際にある地域を再生し、そこにデザインの可能性を展開していくには、自らがプレイヤーとなり、事業者になることだ。クライアントビジネスから、自らが事業者となること。そのためには、スクールでこれまで以上に広い視野と知識を身につけ、それを実践する、事業母体を持つ必要がある。

リノベーションスクール@北九州というイベント形式のワークショップと、その受け皿となるまちづくり会社という組み合わせは、それ自体が人を育て、事業を育て、まちを再生することをアイデアから実行へとつなぐ1つのかたちを示している。

DATA

活動主体：北九州家守舎、HEAD研究会、九州工業大学徳田光弘+建築計画研究室、北九州市、北九州リノベーションまちづくり推進協議会ほか
規模／拠点：参加人数＝スクール全5回で講師74人、受講者197人、スタッフ85人（全てのべ人数）。リノベーションスクールと小倉家守構想で2011年より2年半で247人の新規雇用を生み出す／福岡県北九州市
期間：2011年8月〜（1年に2回程度。1回につき4日間）
資金：スクール参加費
デザイン対象：スクールとまちづくり会社を組み合わせた空きビル再生のシステム

[リノベーションスクール対象物件]

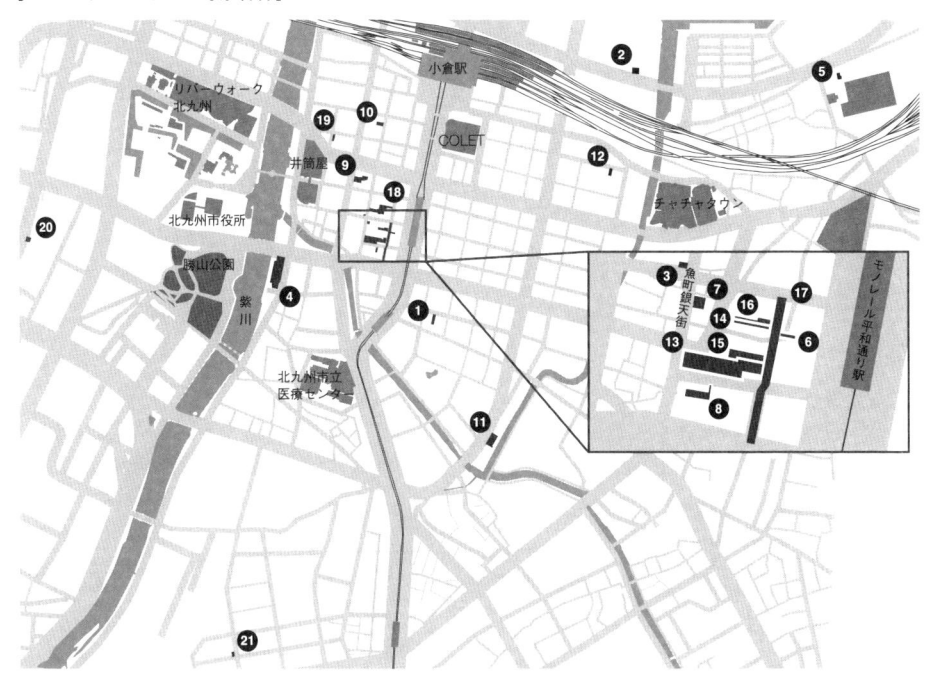

第1回スクール対象案件
❶ パゴダビル
　北九州市小倉北区紺屋町3-4／RC造7階建／1992年築
❷ コンダクト浅野No.3
　北九州市小倉北区浅野2-17-38／鉄骨造8階建
❸ サンリオ小倉ビル
　北九州市小倉北区魚町2-2-11／RC造4階建
❹ ホテルクラウンパレス小倉
　北九州市小倉北区馬借1-2-1／ＲＣ造9階建
❺ レンガ建造物
　北九州市小倉北区高浜1-3-1／レンガ造2階建

第2回スクール対象案件
❻ 松浦ビル
　北九州市小倉北区魚町3-4-18／RC造5階建
❼ 新米谷ビル
　北九州市小倉北区魚町3-3-24／RC造3階建
❽ 三木屋ビル
　北九州市小倉北区魚町3-2-5／木造2階建
❾ 松永ビル
　北九州市小倉北区魚町2-1-7／鉄骨造6階建／1988年築

第3回スクール対象案件
❿ 井澤ビル
　北九州市小倉北区魚町1-2-16／鉄骨造4階建／1969年築
⓫ 古船場ビル
　北九州市小倉北区古船場9-11／RC造地上3階、地下1階／1962年築

⓬ 尾崎繊維ビル
　北九州市小倉北区京町4-3-10／RC造（1〜3階）＋鉄骨造（4〜6階）／1967年築（1973年増築）
⓭ 中屋ビル
　北九州市小倉北区魚町3-3-20／RC造地上5階、地下1階／1967年築（1973年増築）

第4回スクール対象案件
⓮ 久光家
　北九州市小倉北区魚町3／木造2階建
⓯ 平井家跡地
　北九州市小倉北区魚町3-3-11
⓰ アタゴ書店
　北九州市小倉北区魚町3-3-8／鉄骨造4階建
⓱ サンロード商店街
　北九州市小倉北区魚町3-3-20／長さ約107m／1981年築

第5回スクール対象案件
⓲ 百万両ビル地下街
　北九州市小倉北区魚町2-3-21地下1階／RC造
⓳ ナカノテツビル
　北九州市小倉北区京町1-4／地上4階＋地下1階
⓴ 小池ビル
　北九州市小倉北区田町11-18／RC造
㉑ 喜久田マンション
　北九州市小倉北区吉野町17-2／RC造4階建／1977年築

117

COLUMN

デザインや工事がカラオケ化する時代に仕事をつくる

山代 悟

建築のデザインは専門家のものでありつづけるのか？

日本は人口の減少期に入り、多くの地域では経済の縮退が顕著になり、自分自身の仕事が減ってきていると感じている人も多いだろう。本書で紹介されている事例のなかには直接的な経済活動に位置づけられないものも多く、地域のなかでデザインや工事の現場にあって、そういった活動に取り組むことは、社会的な意義を感じつつも、二の足を踏んでいる方も多いのではないだろうか。「そんな余裕はない」と。

コンピュータやインターネットの普及、そしてそれに後押しされた流通の革命は、多くの仕事をアマチュアに解放したが、建築やインテリアのデザインや工事といったものも例外ではない。CADなどのデザインツールが無料で提供されていること、DIYの方法、建材、部品などに関する情報が公開されていて興味さえあればすぐにでも手に入ることなどに加えて、巨大ホームセンターの増加や、ネットでの建材などの販売、R不動産toolboxに代表されるセレクトショップ的な建材や専門工事の発注形態の登場、IKEAなどの商品が豊富でデザイン性が高く非常に安価な家具や雑貨などの一般化といった多くの状況がそれを後押ししている。

一般の人びとにとって、デザインとそれを支える優れた工事は、専門家に依頼し、ありがたく鑑賞するものから、自らすることで楽しむ「カラオケ」のようなものに変化している（あるいはもともとそうだった）。裾野が広がることで、優れたデザインや工事に対するマーケットが育つ一方、その仕事はこれまでの「専門性」によって守られた安泰なものではない。

専門家が提供するデザインの価値を理解してくれる「いい施主」ほど、ちょっとしたサービスの後押しさえあれば、自分で「ほどほどのいい感じのデザイン」をできる時代がすぐそこにやってきている（いや、とっくに始まっている）。

そういった状況の変化のなかで、自分自身の仕事の仕方も、建築のカタチだけを考えるというものは比較的少なくなり、様々な試行錯誤をしながら、これからの時代の仕事の仕方を考えている。

「神門通りおもてなしステーション」のパンフレット棚。部品を東京でレーザーカッターで切り出し、宅配便で送付して、出雲で組み立てた

出雲の木綿街道での市民ワークショップ。グループごとに立ったまま議論ができるしつらえに。議論の場のあり方からデザインする

議論の場をデザインすることから始める

　CitySwitch出雲（P.92）をはじめとしてこれまで50近い学生向けや市民向けのワークショップを企画・実施してきたが、その多くはボランタリーな活動であった。しかし、一連のワークショップの経験を通して、ワークショップそのもののデザイン、つまり長期間にわたる議論のプロセスのデザイン、ファシリテーションの技法、アイデアを共有化するための可視化の技法、プロトタイピングの技法などを開発し、実践してきた。そのワークショップのデザインそのものが「商品そのもの」に育ってきた。

　最近はあるエリアの再生像をつくり出すために民間企業の社内外にある情報やアイデアを顕在化させとりまとめるファシリテーション型のコンサルティングを業務として行ったり、新商品の開発のために社内にある経験やアイデアを共有するためのワークショップと社員教育を業務として行っている。

参加のあり方をデザインする

　CitySwitch出雲の「神門通りおもてなしステーション」のパンフレット棚（P.95）ではDIY化したときに、単純な素人工事に堕するのではなく、最新の技術と組み合わせることによって驚きを生み出す余地がまだまだあることを実感した。

　現在ではそのようなノウハウをまちづくりのワークショップだけでなく、建材などの素材開発や企業広報のコンサルティング、大学との共同研究などにも生かしている。それぞれの専門分野の情報やアイデアを受け取り、それを1つの建物や都市のイメージに組み立て、模型やパース、冊子などのかたちにまとめる仕事も行っている。企業の総合カタログのコンセプトの立案と取材を担当し、社内外の人びとのインタビューを中心としたカタログをデザインしたりといった仕事にもひろがっている。

【 工 事 す る 】

建築物の施工は、一般に品質と安全性を保ちながらもできるだけ効率よく行うことが至上命題である。また、工事現場は都市空間において不完全で邪魔なものととらえられるため、通常はできるだけ意識化されないように隠されている。一方で、施工期間は、建築の一生の中では非常に短い期間でありながら、最も変化が大きく刺激的な時間であり、まちの未来をつくり続けていくことを体現している。本章では、工事するプロセスを上手に生かすことで、建築が市民との関係を結び、新たな意味や価値を創出させている事例を紹介する。

I

[工事する]　[TOKYO]　[2005]

ご近所づきあいをデザインする
いえつく5
東京都杉並区

24

通常は、家を建て、そこに住まい始めてから、新しいご近所づきあいは始まる。しかし、家がそっけなく建ちはじめている間にも、その時だからこそ何かできることはないのだろうか。「いえつく」のメンバー6人は、家を設計すると同時に、施工中から築くご近所づきあいも含めてデザインすることを考えた。より積極的かつスムーズに、まちに1つの家、1つの家族が入り込んでいく。これこそが、ありうべき新しい家の建て方かもしれない。

建てる前からご挨拶

「いえつく」とは東京理科大学建築学科出身の6名からなる設計活動だ。それぞれ設計事務所や広告代理店などに勤務するサラリーマンたちだが、週末や空いた時間を利用して集まり設計活動を行っている。これまでに手がけたプロジェクトは8軒。住宅から別荘、店舗などのほか、海外でのプロジェクトも手がけている。

ここで取り上げる「いえつく5」は、メンバーである角田大輔氏の自邸建設プロジェクト。このプロジェクトでは、通常家を建てた後、暮らし始めたところから始まる「ご近所づきあい」を、建てる前、そして建てるプロセスで、より積極的に行うことをメインのテーマとした。角田氏はこれを「ご近所づきあいのデザイン」という。

もともと東京の高円寺に長く住んでいたことから、フランクな住人同士のつながりがある西東京の雰囲気に馴染んでいた角田氏は、杉並区西荻窪の路地裏に敷地を購入した。そこで、まず「ご近所づきあいのデザイン」のために、ウェブサイトを開設。次に近隣の人びとに、どんな人がこれから暮らし始めるのかを知らせる「着工挨拶カード」なる挨拶状を作製し、ご近所をまわったという。カードには、家の広さや場所、工事スケジュールなどが、かわいらしい手描きのイラストとともにまとめられていた。

さらに工事現場に建てる建築計画の看板にもひと工夫を加えた。看板そのものが、角田氏夫妻の等身大のシルエットとなっているのだ。夫妻が肩を寄せ合い立っているシルエットに工事概要と夫妻のプロフィールも加えた。通りかかるまちの人びとは足を止め、ここにこれから暮らし始める夫妻のことを事前に知ることになった。

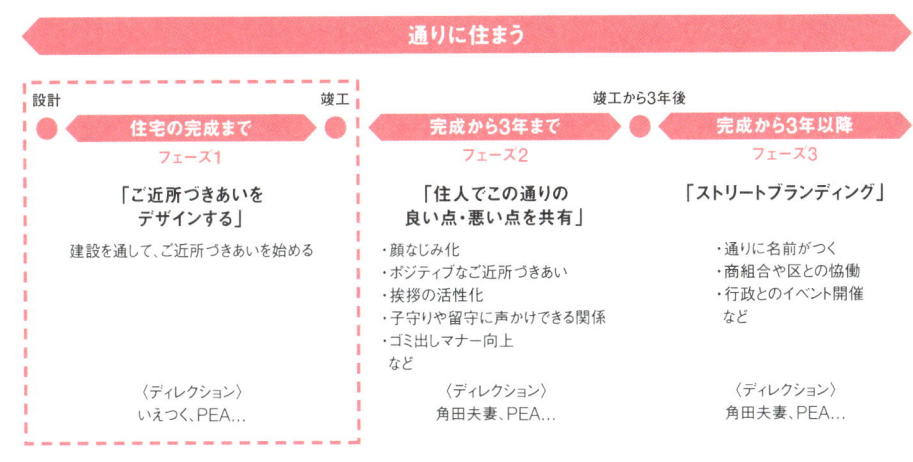

通りに住まう

	設計 → 竣工	竣工から3年後	
	住宅の完成まで	**完成から3年まで**	**完成から3年以降**
	フェーズ1	フェーズ2	フェーズ3
	「ご近所づきあいをデザインする」	「住人でこの通りの良い点・悪い点を共有」	「ストリートブランディング」
	建設を通して、ご近所づきあいを始める	・顔なじみ化 ・ポジティブなご近所づきあい ・挨拶の活性化 ・子守りや留守に声かけできる関係 ・ゴミ出しマナー向上 など	・通りに名前がつく ・商組合や区との協働 ・行政とのイベント開催 など
	〈ディレクション〉 いえつく、PEA...	〈ディレクション〉 角田夫妻、PEA...	〈ディレクション〉 角田夫妻、PEA...

住宅の設計から竣工、その3年後以降も見据え、ご近所づきあいの始め方や路地の使い方を考えた

前頁:角田氏夫妻は、自宅が建つ敷地に手づくりの建築計画お知らせ看板を設置。等身大シルエットには2人のプロフィールも添えられた

[「ご近所づきあい」デザインプロセス]

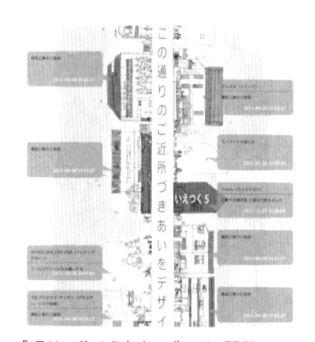

「通りに住まう」ウェブサイト開設
敷地前の路地も家の一部として向き合い、「住宅」「お店（ネイルサロン）」「通り」を一緒に考えながら建物と庭を設計。それとともに、こうした取り組みに興味を持ってくれる人たちとのご近所づきあい活動を開始。そのひとつひとつをウェブサイト上に記録していった

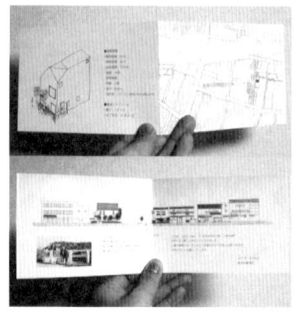

着工挨拶カード
着工前に、まずはご近所さんにオリジナルカードでご挨拶。自分たちのこと、ここに建つ家のことをイラストにまとめて、配布した

等身大シルエット建築計画お知らせ看板
自分たちのシルエットをかたどった板に、建築計画の概要ボードを持たせて工事現場に立ててみた。工事予定はホワイトボードに直筆で書く。一体これは!?と、立ち止まるご近所さん。少しずつご近所との距離は縮み始めていった

設計期間 → 着工前 → 着　工

まち全体に発信する参加型の仕組みを

　さらに「ご近所づきあいのデザイン」は続く。角田氏の奥さんは、建設する住宅の一角でネイルサロンを開く予定だった。そこで、「青空ネイル」と題したネイルサロンを敷地前の路地で2日間開催。「チャサンポー」という西荻窪で開催されるイベントに参加するかたちでお店を家の軒先に開き、このイベントを通してまちを散策する人びとやまちの人びとに、自然と「いえつく5」と夫妻のことを知ってもらう機会となった。

　やがて現場で本格的な工事が始まると、通り側には大きな養生シートの壁が立ち上がった。今度は「ハトメ工事中掲示板」と題し、通りを行き交う人びとに絵馬のような板に家や通りに対するメッセージを書き込んでもらい、それをシートの「ハトメ」部分に吊り下げた。やがて40枚以上のメッセージの壁が路地を彩ることとなった。これらすべての記録はウェブサイト「通りに住まう」にて公開し、誰もが見えるかたちにしていた。

　竣工後には「ご近所祭」と題して、ご近所のみなさんを新居に招待。それまでの期間に話したことがあった人から、顔だけは知っていた人まで、たくさんのご近所さんが集まり、「いえつく5」から生まれた新しいコミュニティが始まった。

　これらすべては、住む前からこれから住む人のこと、家のことをご近所の人びとに知ってもらうための小さなイベントだった。「ご近所づきあいのデ

ハトメ工事中掲示板
通りに面した養生シートを地域の人びとが共有できるメッセージボードに仕立てた。この家やまちに対する想いをシェアするコミュニケーション型掲示板となった。デザインは建築家ユニットPEA...によるもの

青空ネイル
家が竣工したら、自宅の一角でネイルサロンを始めようとしていた角田氏の奥さんが、地域のイベントに参加するかたちで、工事中の敷地の前に仮設のネイルサロンを開店

ご近所祭
ついに竣工！ それまでのプロセスのなかで、何らかの接点を持ったすべてのご近所さんを招待して、パーティを開いた。家をつくると同時に近所づきあいも一緒に育むことができるということを、集合写真の笑顔が物語っている

→ 工事中 → 竣工前 → 竣　工

ザイン」というテーマは、その土地土地でさまざまなかたちで実践できる可能性を秘めている。建てる前、そのプロセスを周辺の人びとも巻き込みながら愛でていく。その大きな可能性を「いえつく5」は示している。

DATA

活動主体：いえつく（石畠吉一、多田直人、角田大輔、穂積雄平、水野義人、三谷健太郎）
規模／拠点：6人／東京都
期間：2005年〜
資金：約10万円（住宅総工費は除く）
デザイン対象：住宅の施工プロセス、住宅施工中の情報共有プロセス

建築面積10坪程度の狭小住宅。住宅と路地をセットでデザインした

【 工事する 】　　【 UK 】　　【 1998-2002 】

［ アートセンターは工事中から始まる
バルティック現代アートセンター
英国・ゲイツヘッド

25

［ バルティック現代アートセンターは、20世紀半ばの製粉工場をリノベーションしてつくられた。着工から開設までの4年間、ニューズレターを発行して施設とアートに対する市民の理解を深め、工事現場を使ったアートプロジェクトによって、来るアートセンターのポテンシャルを国内外に知らしめ、市民に現代アートの驚きと魅力を伝えた。こうしてアートセンターへの期待感をつくり出していった。

工業都市から文化都市へ、都市再生の牽引役

　ゲイツヘッドは、イングランド北東地域のタイン川河畔に位置する都市で、対岸のニューカッスルとは双子都市とも呼ばれる。地域の主幹産業であった造船業が20世紀半ばに衰退してからは長い不振にあえいだが、1990年代後半から両市が手を結んで文化主導の都市再生を成し遂げている。

　都市再生の牽引役であるタイン川沿い地区では、ゲイツヘッド・ミレニアム・ブリッジ（2001年）、バルティック現代アートセンター（2002年、以下、バルティック）、セージ・ゲイツヘッド音楽ホール（2004年）を中心に、新たな都市景観がつくり出されている。1991年、ノーザンアーツ（アートに関する英国政府の地域開発公社）は、文化的基盤が乏しい北東地域にホールと現代アートセンターを設けることを目標に掲げ、実現したのがこれらの施設である。

製粉工場を新しいタイプのアートセンターに

　バルティックは、1950年代に建てられた製粉工場のリノベーションで、約3,000㎡のアートスペースの他に、スタジオ、ワークショップ室、講義室、ライブラリ、ショップ、カフェなどを含む6層の建築である。コレクションを持たず、企画展と、まちなかにまで展開する豊富な体験型プログラムを中心にしている。

　しかし、現代アートとは縁遠かった労働者のまちに、このような新しいタイプのアートセンターをつくることは、大きな挑戦であった。

工事現場を使った世界的なアート作品

　1998年に着工したバルティックは、約4年間の建設期間を最大限に利用した。この間に、工事現場を使ったアートプロジェクトや、DVDの作品、セミナーなど、展示室がなくてもできるプ

タイン川沿いに建つバルティック現代アートセンターは、20世紀半ばの製粉工場をリノベーションしたもの（改修設計：ドミニク・ウィリアムズ）©Alex Telfer

工事中、床を入れる前の空間に挿入された《Taratantara》（Photo: John Riddy　© Anish Kapoor）

前頁：工事中に行われたアニッシュ・カプーアのインスタレーション《Taratantara》。この作品は、翌年、イタリア・ナポリのプレビシート広場に足場を組んで再構築された (Taratantara, 1999, Anish Kapoor / PVC and steel / Baltic Centre for Contemporary Art, Gateshead 2000 / 51.8 x 32.6 x 16 m ／ Photo: John Riddy　© Anish Kapoor)

ロジェクトを実施したのだった。

　リノベーションの過程で、古い工場の外壁だけを残しアートセンターの新しい床を入れる前に、彫刻家アニッシュ・カプーアがインスタレーションを制作し、1999年夏の2カ月間公開した。暫時的に現れた巨大ヴォイド全体を使って真っ赤な幕を鼓型に張った《Taratantara》という作品は、来るアートセンターのポテンシャルを国内外に知らしめるとともに、地域の人びとにアートの驚きと魅力を体験させた。

　翌秋には、建設中の外壁に対岸からテキストをプロジェクションするジェニー・ホルツァーの作品が登場した。バルティックだけでなく、タイン川に停泊する大型船の船体や古い城郭の壁面でも同プロジェクトが展開され、地域を巻き込んだアートプロジェクトの嚆矢をなした。

ニューズレターで理解と期待を高める

　アートプロジェクトに加えて、16号に及ぶニューズレターを発行し、新しい施設の建築とプログラム、現代アートの紹介、カプーアやホルツァーをはじめとするプロジェクトの見所とレポートなどを伝え続けた。第1号では、「模範とするモデルはない。これは、真の挑戦なのだ」と宣言した。ニューズレターの中では、バルティックのBとbe動詞をかけて、しばしば「B.○○（○○になろう、○○しよう）」と呼びかけた。最終号は「B.OPEN」。これは、オープニング展のタイトルでもある。

　建設過程のこうした体験やプロセスを通して、市民にとって馴染みのなかったアートセンターへの期待感がつくり出されていった。

待ちに待ったオープニング

　2002年7月13日午前0時、バルティックがオープンした。真夜中にもかかわらず何千人もの市民が行列をつくった。人口19万人の都市のアートセンターに、最初の1週間で3万5千人以上が訪れた。オープン直前に行われた市民アンケートでは、56%がバルティックを訪れたいと回答し、オープン8カ月後のアンケートでは、49%がすでに訪れたと回答した[1]。

　2012年、バルティックはオープンから10年を迎えた。10年を記念する「バルティック・ラウンジ」には、来訪者からの多くのメッセージが残されていた。バルティックは、地域に馴染み、タイン川沿いの文化的アイコンのひとつとして、愛されるアートセンターになっている。

註
1 Christopher Bailey, Steven Miles and Peter Stark (2004), Culture-led urban regeneration and the revitalisation of identities in Newcastle, Gateshead and the North East of England, *International Journal of Cultural Policy*, 10(1), 47-65.

アントニー・ゴームリーの「ドメイン・フィールド」展（2003年）では、石膏取りされた287人の市民が、ステンレスの彫刻となった。市民が主役になる展覧会だ

[アートセンターへの理解と期待を高めるニューズレター]

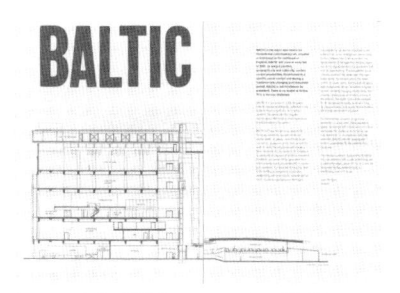

No.1　4年後に開館するアートセンターの断面図

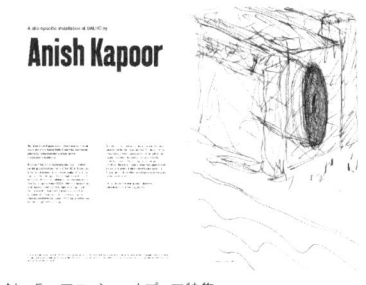

No.5　アニッシュ・カプーア特集

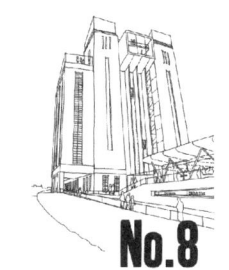

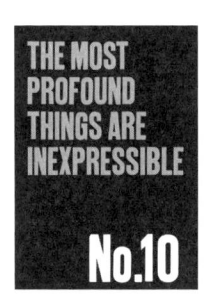

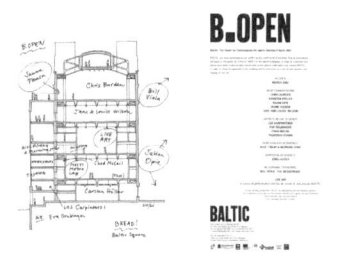

ニューズレターの表紙。No.1は1998年10月発行

No.14　オープニング展「B.OPEN」の概要紹介

DATA

活動主体：バルティック現代アートセンター
拠点：タイン川沿いの旧製粉工場
期間：1998～2002年
資金：アーツカウンシルを通した宝くじ基金、ゲイツヘッド市、ノーザンアーツ（アートに関する英国政府の地域開発公社）、イングリッシュ・パートナーシップス（地域再生関連業務を担った英国政府機関）、欧州地域開発ファンド
デザイン対象：アートプロジェクトの企画、ニューズレター

No.15　アートがかき立てる世界への問い

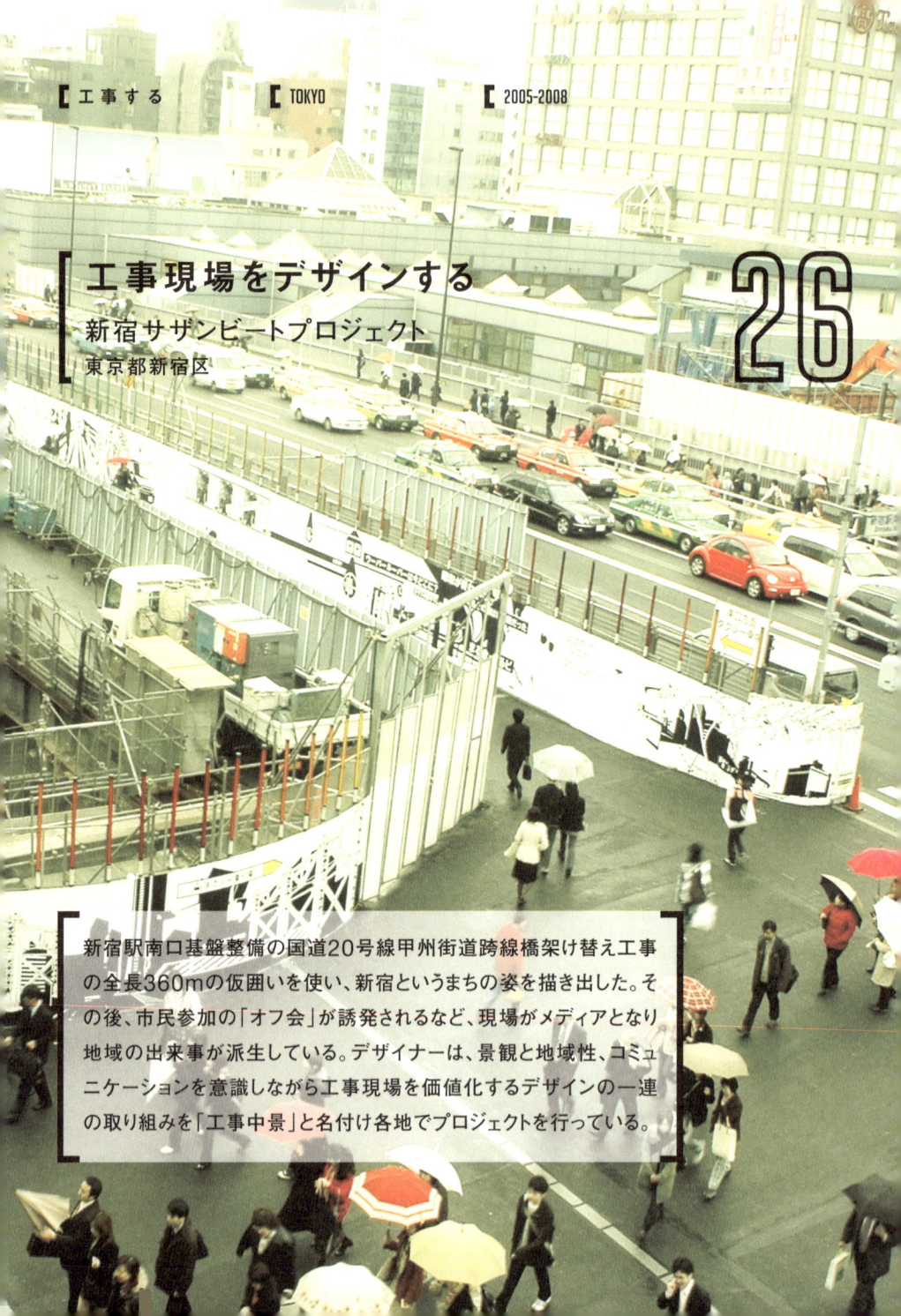

[工事する　　[TOKYO　　[2005-2008

[工事現場をデザインする
新宿サザンビートプロジェクト
東京都新宿区

26

[新宿駅南口基盤整備の国道20号線甲州街道跨線橋架け替え工事の全長360mの仮囲いを使い、新宿というまちの姿を描き出した。その後、市民参加の「オフ会」が誘発されるなど、現場がメディアとなり地域の出来事が派生している。デザイナーは、景観と地域性、コミュニケーションを意識しながら工事現場を価値化するデザインの一連の取り組みを「工事中景」と名付け各地でプロジェクトを行っている。

工事中景：工事現場をデザイン対象に

　都市は新陳代謝を続けるがゆえに、いつもまちのあちこちに建設工事現場が出現している。しかし、街路を往来する私たちが目にするのは、現場自体というより仮囲いやフェンスや覆工板だ。通常は意識外に追いやられているこれらの要素は、現実には都市景観を構成しているのだから、デザイン対象とすべきではないか。工事現場を舞台にしたデザインは、アーバンスケープアーキテクト韓亜由美氏によって「工事中景」と名付けられた。

仮囲いでまちの個性を伝える

　「工事中景」のなかでも3期にわたって展開されたのが、新宿サザンビートプロジェクトである。新宿駅南口地区で続く基盤整備事業のうち甲州街道の跨線橋掛け替え工事では、長大な仮囲いが駅前空間を何年間も遮っていた。当初、工事現場のイメージアップ・環境美化を依頼された韓氏は、クレーム軽減対策の表層的なデザインではなく、より積極的に新宿というまちの個性と未来を伝え、まちと人とをつなげるプロジェクトにすることを提案し、工事費の一部である仮設物のグレードアップという予算措置で受け入れられた。韓氏は、コンセプトをグラフィックとプランニングの専門家に伝え、デザインの相談を持ちかけ、3人で企画を出し合いながら過去・現在・未来をテーマに3期にわたるプロジェクトが進められた。

世代を超えた新宿を共有する

　第1期（2005年〜）には、「『新宿』という場所が、世代を超えて多くの人びとの記憶のなかで、青春時代と重ねられるまちとして再認識されることを図」り、1960年代から2000年代ま

第1期には、60年代からの新宿発信の当時の若者文化が描かれた。まちの歴史に現在の日常が重なる。工事現場用蛍光灯にゼラチンフィルムを巻いた照明で、色のグラデーションを演出

第2期「新宿ID」では、新宿に生き新宿を愛するありとあらゆる人びとのポートレートが駅前に出現した

前頁：毎日36万人が往来する新宿駅南口。駅前を占有していた360mの仮囲いが新宿の文化を伝えるメディアになった

第2期「新宿ID」のポートレートになった家族

プロジェクト関係図

事業主体 国土交通省東京国道事務所
▼ 提案
跨線橋掛替工事 元請 JR東日本・担当JV大林組
▼ 発注
プロジェクトのコンセプトデザイン、全体統括
韓亜由美（クリエイティブ ディレクション） 長﨑義紹（プランニング ディレクション） 鈴木直之（アートディレクション グラフィックデザイン）
▼ 依頼

1期	黒田潔（イラストレーター）／髙橋匡太（光のアーティスト）
2期	吉永マサユキ（写真家）／髙橋匡太（光のアーティスト）
3期	加藤貴文（イラストレーター・ウェブデザイナー）

でのまちの風景、ファッション、風俗などのキーワードとグラフィックが描かれ、夜間の照明もデザインされた。ウェブサイト上で一般募集した言葉も仮囲いに反映された。「渇望」「ツバキハウス」「電車、人込み、高層ビル。『東京に生きてる』っていう実感。」などごくパーソナルな言葉は、同時にその前を通りかかる他者の体験でもあり、それらの集積が新宿の姿だと感じさせた。毎日36万人の利用者が往来する南口駅前の360mの仮囲いに描き出された「新宿」は絶大なインパクトを持ち、このころからプロジェクト・ウォッチャーも現れ始める。ブログに取り上げられ、大学生の卒業論文の題材となるなど、イメージアップの域を超え広く知られるようになっていった。

新宿の現在と未来が人をつなぐ

続く第2期（2006年～）「新宿ID」では、新宿に生き新宿を愛する183人の巨大ポートレートが仮囲いを飾った。ゴールデン街や2丁目の人びと、ミュージシャン、写真家、家族、外国人、そして当該工事従事者など、その多様性は新宿の現在の姿そのものである。街頭での撮影と並行して約50人の一般募集をかけ、撮影会にはそれぞれ自分の職業の格好で来てもらうことになった。思わぬ現象も派生した。仮囲いにポートレートが掲載された互いに見知らぬ人びとがSNSでコミュニティをつくり、「オフ会」を開催して交流を深めるようになった。一方、プロジェクトによって現場が注目されることで、工事従事者が自分の仕事を誇らしく感じ、士気も上がったという。

第3期（2007年～）「新宿IDみらい篇」では、イラストのキャラクターを立て、工事の完成する2016年の近未来の新宿を舞台にストーリーが展開した。新宿を通りかかる人びとが目の前にある工事現場から近未来の新宿に思いを馳せてくれることを目指した。このころから仮囲い面積が縮小し、プロジェクトは3期をもって終了した。

上：ポートレートが掲載されたことがきっかけでSNSコミュニティができ、見知らぬ人同士が出会って「オフ会」も行われた。下：第2期のポートレートには、この現場の工事従事者の姿もある。現場を支える彼らの誇りも高めていった

現場の作業従事者が工事用コーンを使って絵文字を描き、通行人に年始の挨拶を送った。サザンビートプロジェクトにより現場に「見られている」という意識が高まった

仮設物の可能性

　韓氏は、消費される広告と異なり、まちの人たちを向いてデザインすると、きちんと興味を持ってもらえることを実感したという。このプロジェクトから、仮設物も都市景観の一部であるというだけでなく、むしろ、仮設だからこそある種の「時代の風景」をつくれるのだということがわかる。そこに工事現場という暫時的空間の1つの可能性があるのではないだろうか。

DATA

活動主体：ステュディオ・ハン・デザイン
規模／拠点：主たる企画デザイン従事者7人
（撮影協力183人）／新宿駅南口地区
期間：2005〜2008年
資金：工事現場用上級資材費（発注者：大林組）
デザイン対象：工事用仮囲い、仮囲い照明、ウェブサイト

【工事する】　【GERMANY】　【2004-/1995-2000/2009】

開発現場を眺める

ハーフェンシティ展望台／
ポツダム広場インフォボックス／
統一20周年記念インフォトレッペ
ドイツ・ハンブルク、ベルリン

27

ハンブルクのハーフェンシティ開発現場を眺める展望台、東西統一後のベルリンの再出発を象徴するポツダム広場再開発を眺めるインフォボックス、東西統一から20年間かけて再生されたベルリンの都市空間を眺めるインフォトレッペ。これらは、開発のプロセスや変化を眺め、楽しみ、考えるきっかけをつくり出す試みである。開発現場でひときわ目を引く小さな仮設の展望台が、長く愛されるまちをつくる触媒になる。

ハーフェンシティ開発

　ドイツ・ハンブルクの中心市街に接するエルベ川沿いの157haに及ぶ再開発地区がハーフェンシティである。コンテナ輸送の登場によって浅い川沿いの港は役割を終えており、1997年に再開発が決定した。居住、業務、文化、余暇、商業等の機能が複合する新たなエリアとして、2025年の完成を目指し開発が進んでいる。ヘルツォーク&ド・ムーロンのエルプフィルハーモニー、故エンリック・ミラーレスのパブリックスペース、レム・コールハース/OMAのサイエンスセンター計画など、著名建築家の競演する建築プロジェクトとしても注目を浴びている。

開かれた現場のアイコンである展望台

　長期の開発に先立ち、初期段階でインフォセンターと展望台が開発地に設けられた。インフォセンターは旧発電施設のリノベーションで、大きな模型などが展示され、ツアーの拠点にもなっており、年間20万人が訪れる。2004年に登場した工事現場を眺めるための展望台は、高さ13mのスティール製でオレンジ色に塗られ、現場でもひときわ目を引く。この展望台は、開発工事の進展に応じて、順に移設されている。市民や観光客に人気を博しており、ハーフェンシティの開かれた現場の象徴ともなっている。雪の日に展望台で出会った若者たちは「開発現場を眺めるためによくここに来る」と話してくれた。まちがつくられていく様子にみんなが興味津々なのだ。

　このように開発の現場を眺め楽しむ取り組みは、ハンブルクで突然始まったというよりは、ドイツ国内の先駆的な試みを通して育てられてきた考え方のようだ。

生まれ変わる都市ベルリンのインフォボックス

　1990年代、ベルリン。中心部のポツダム広場では、東西ドイツ分断の象徴であった壁の

ポツダム広場開発に際して5年間設けられたインフォボックス。屋上の展望台から現場を眺めることができた。右手前にベルリンの壁の残骸が見える

インフォボックスの展望台からポツダム広場開発現場を望む

前頁：ハーフェンシティ展望台。設計者は、動物のように見える港のガントリークレーンにヒントを得たという。確かにどこか愛らしさを感じさせ、開発現場のマスコットのようだ

崩壊後、まちの新たな世紀を拓く開発工事が始まっていた。泥だらけの開発現場の一角に目の覚めるような赤い「インフォボックス」が置かれたのは1995年のことである。ベルリンの開発計画を展示するパビリオンで、屋上には展望台があり、開発現場を一望することができた。すぐにまちの名所となり、多くの来訪者が生まれ変わる都市の姿を目撃し、その未来に思いを馳せたのだった。インフォボックスは5年間の仮設であったが、その間に800万人以上が訪れたといわれる。この先駆的な事例は、現場を市民に開いてまちづくりへの参加を促し、一方で現場の面白さを体感できる場を通して開発をある種のエンターテインメント化できることを示した。

ベルリンの20年の変化を眺める インフォトレッペ

2009年のベルリンでは、東西統一20周年を記念するさまざまな催しが行われていた。そのひとつが、このまちの20年間の変化を見せるインフォトレッペ（情報階段）である。この真っ赤な階段もまた展望台なのだが、開発中の現場を眺めるためではなく、開発を経て再生されたまちを眺め、再認識するために設けられた。階段の下の小さな空間は情報窓口とグッズ売り場になっており、階段の周囲には市内のさまざまな場所の変化が展示されていた。インフォトレッペは、ポツダム広場、中央駅前広場、そして新たな文化・通信メディア関連集積地を形成する市街東側のメディアシュプレー／オストハーフェン地区へと順に移動し、訪れた人びとに再生されたベルリンの多様な表情を眺望させた。

インフォトレッペは、ベルリン芸術大学で建築を学ぶ学生の発案で、ベルリンの建築事務所が協力して構築された。なお、翌年には、青く塗り直されてサイエンス年間のイベントに情報センターとして再登場し、そのさらに翌年には、金色になってクーダム通りの125周年記念イベントに再々登場するなど、ベルリンの小さな可動建築として重宝されているようだ。

都市開発を粛々と行うだけでなく、そのプロセスや変化を眺め、楽しみ、考えるきっかけにする。ハンブルクやベルリンでの取り組みのように、仮設の展望台を、長く愛されるまちをつくる触媒にすることもできるのである。

DATA

ハーフェンシティ展望台
活動主体：ハーフェンシティ・ハンブルク有限責任会社、設計はレナー・ハインケ・ヴィルト
期間：2004年4月〜
資金：12万ユーロ、開発予算の一部に加え、EUの「ウォーターフロント・コミュニティ」プロジェクトの助成を受けている。
デザイン対象：展望台

ポツダム広場インフォボックス
活動主体：ポツダム広場開発に関わる土地所有者や開発業者からなる7組のパートナー、設計はシュナイダー＋シューマッハー
期間：1995年10月〜2000年12月
デザイン対象：仮設建築

統一20周年記念インフォトレッペ
活動主体：クルツゥーアプロイェクテ・ベルリン（Kulturprojekte Berlin）有限責任会社、設計はカタリーナ・バーデンス、ヒュッテン＆パレステ
期間：2009年1〜12月
資金：ドイツ宝くじ基金ベルリン
デザイン対象：仮設構造物

	ハーフェンシティ展望台	ポツダム広場インフォボックス	統一20周年記念インフォトレッペ
都市	ハンブルク	ベルリン	ベルリン
展望台高さ	13m	23m	5.5m
対象	ハーフェンシティ開発現場	ポツダム広場開発現場	20年間で再生された都市空間
可動性	仮設、開発工事の進展に応じて数年ごとに移設	5年間1カ所に固定	1年間で市内3カ所を移動、翌年、翌々年に別の場所に出現
主要建材	鋼板	コンクリートとスティールの混構造	木材
併設状況	展望台とは別棟で開発情報センターがある	開発情報センターの屋上に展望台が載っている	展望台の下がグッズ売り場・情報窓口、周囲に展示設備

展望台事例の比較

ハーフェンシティ展望台から開発現場を望む

ベルリン中央駅前広場のインフォトレッペ。階段状の展望台のまわりに、20年間のベルリンの変化が展示されている

展望台から眺められることを意識して、地面に石を並べて書かれた文字（ハーフェンシティ）

インフォトレッペの上から統一後20年のベルリンのまちを眺める

【工事する】　【KYOTO】　【2009-2010】

【住まい手のスキルを育てる
DIYプロジェクト
京都府京都市

28

京町家に住むことになったクライアントは、建築家の提案で、自身の手で改修施工することを選択した。掃除、実測、解体、建材調達、施工などのプロセスを通して、自分が住まう建築を知り、ものの価値を知り、デザインの深みを知り、まちの成り立ちを知る。その後は「スキルを持った市民」の先達として、震災被災地のプロジェクトなどにも参加し、その輪を広げていく。

自分の手で住まいをつくる

 築100年の京町家を亡き祖父から譲り受けた森田眞氏は、改修して家族と住むことを決意し、友人の建築家・垣内光司氏に相談を持ちかけた。予算が少ないことを知った垣内氏は、DIY（Do It Yourself）での工事を提案し、設計を引き受けた。こうして、8カ月にわたるDIYの改修工事が始まった。

 最初の1カ月は掃除。祖父の遺品にあふれた古い町家と1人で向き合い、町家を改修して住むことの意味、自分でできることを問い直す時間となった。次の1カ月は測量。町家の寸法体系を実感としてとらえることができた。町家は傾いており、改修の方針を「耐震補強」に決めた。続く2カ月間は解体。部分的に残しながら適切な順序で解体し、建物のつくられ方や力の流れを理解していく。階段や玄関扉をばらして出る鉄やアルミを売って、建設資金の足しにした。構造家はDIYでできる耐震補強の方法を提案してくれた。施工には、土工事、設備工事、左官工事、大工工事など、プロに必要最低限の範囲で来てもらい、一緒に作業しながら道具の使い方や作業を覚えていった。バスタブは再利用、玄関扉のガラスは窓に、工務店で見繕った古材で格子をつくるなど、建具や内装には廃材を利用した。

教育プログラムとしてのDIY

 「建築家の職能は、物と人の間に立つこと」と語る垣内氏にとって、このプロジェクトは自らの建築作品であるという以上に、ある種の教育のデザインだったのではないだろうか。DIYでは助言はするが作業はしないことを徹底した。実測では、ゼロ側を垣内氏が持ち、寸法を森田氏に読み取らせた。森田氏は一連のプロセスを自分で考え自分の手で行うことで建築の秩序を知り、

開かれた工事現場。DIYで作業する住まい手に、近所の人たちが話しかけるようになっていった

構造家はDIYでできる耐震補強の方法として、半剛性ラーメンのロの字型フレームを4つ入れる提案をしてくれた。右手の壁には、時間の痕跡を生かすデザインを採用した

前頁：釜石市津波被災跡の「鵜住居の合掌」の施工には、京都の自宅改修でDIYスキルを身につけた森田氏も手弁当で参加した。その後の垣内氏のいくつかのプロジェクトでも森田氏は施工に協力。
新たにDIYに取り組む者も現れ、森田氏はDIYビルダーのお手本にもなっている

自宅改修からDIYスキルを身につける

森田氏（施主）	垣内氏（設計者）

自宅の改修計画・解体（2009年12月-2010年3月初旬）

森田氏	垣内氏
設計相談 ☐	☐ DIY提案
清掃 ☐	☐ 清掃指示
測量開始 ☐	☐ 測量（ゼロ側を持って補助）
解体開始 ☐	☐ 設計スタート
ユニットバス解体 ☐	☐ 補強フレームについて構造家と相談
	☐ 基本設計完了

自宅DIY（3月下旬-8月）

森田氏	垣内氏
工務店へ協力要請のためのプレゼン ☐	☐ 土間コンクリートを砕いて
土工事開始 ☐	割栗石に転用することを指示
設備埋設配管ルート出し ☐	☐ 土間コンクリート
アンカーボルト設置 ☐	打設ボランティア募集
防湿シート、ワイヤメッシュ、型枠製作 ☐	☐ セパレーター設置を
土間コンクリート打設 ☐	指示し忘れたことに気がつく
補強フレーム設置 ☐	☐ 解体で出た金属類を
浴場コンクリート打設 ☐	スクラップ工場に売却
工務店倉庫で、他現場の廃材をいただく ☐	☐ 格子や内装で使用できる材を選定
ネットフェンス撤去 ☐	
廃材格子スタディ ☐	
床下断熱敷設 ☐	☐ 廃材を踏板に再利用するため、
1階床貼り ☐	鉄板階段を設計
1階壁廃材貼り ☐	
1階壁PB貼り ☐	
ネットで購入したシステムキッチンの ☐	
組立て・設置	
2階床下地 ☐	
浴場土壁補修 ☐	☐ 玄関扉の縦目地を
玄関扉廃材貼り ☐	合わせることを指示
天井プラスターボード（PB）貼り ☐	☐ 1人で施工できるサイズにPBをカット
天井仕上げ ☐	してから施工することを指示
鉄板階段設置 ☐	☐ 森田氏と一緒に布屋に行き、
2階床貼り ☐	天井に張る布の種類を検討
入居 ☐	

他プロジェクトへの参加（2010年8月-2013年）

森田氏	垣内氏
「八百光設計部事務所改修プロジェクト」 ☐	☐ DIYで得たスキルを他のプロジェクトでも
解体工事参加	生かすよう、プロジェクトをオファー
「南丹の民家改修プロジェクト」 ☐	
解体工事参加	
「鵜住居の合掌」建設参加 ☐	
職業訓練校入学	
「南丹の民家改修プロジェクト」 ☐	
塗装工事参加	
電気技師免許取得	
「八百光設計部事務所改修プロジェクト」 ☐	
電気配線工事	

清掃

解体

土間コンクリート打設

補強フレーム設置

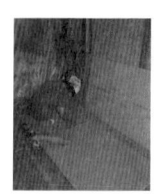

PBをカットして施工

鵜住居の合掌

元の町屋外観

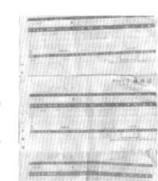

金属類売却時の明細書

材の選定

天井の布を張る

南丹の民家改修

八百光設計部事務所改修

廃材を売ったりもらったりするなかで社会でのものの流れや価値を知った。それ以来、まちが資源に見えるのだという。

当初漠然と「汚れた壁を白く塗る」といった改修をイメージしていた森田氏は、最終的に、耐震補強を主テーマとするとともに、積み重ねられた時間の痕跡を生かしたデザインを選択した。DIYのプロセスを通して、表層的な美化の考え方から、建築に内在する本質や空間に価値を見いだすように変わったことがわかる。建築の高等専門教育とはまったく異なるプロセスをたどって、同じような価値観を身につけるに至ったことは興味深い。専門教育が設計者を育てる教育だとすると、DIYはまちの住まい手のリテラシーを育てる教育なのかもしれない。

開かれた工事現場

1人で重機も使わずに町家を改修している森田氏に、近隣の住人たちが声を掛けたり、作業の様子を興味深く見守るようになった。彼が元の住人の孫で今後住まい手になる人物であることがわかると、今度は「新しいご近所さん」として交流が始まる。あるときは、近所のおじいさんが、地域の歴史や町家の成り立ちを説明してくれた。100年前の大火の後に燃え残った古材で建てられたのがこの地区の町家なのだという。100年前と同じように古材を活用して改修する作業を、森田氏は住み継がれる町家の時間の流れのなかに位置づけていった。

建設現場は面白い。しかし一般市民がその面白さに接する機会は少ない。開かれていたこの現場では、近隣の住人たちも面白さの一端を体験することができた。プロセスの共有によって、個人の住宅がまちの建物にもなっていったのではないだろうか。

社会の一員としてスキルを生かす喜び

改修した町家に住み始めて約1年後、森田氏は岩手県釜石市にいた。東日本大震災の津波被災地で小さな東屋「鵜住居の合掌」を建てるためだ。被災地のために何かしたい、と思っていたところに、垣内氏のこのプロジェクトを知り、自ら希望して同行し、自宅のDIYで培ったスキルを生かして施工に協力した。

自宅には頻繁に手を加えている。ちょっとした不具合や違和感も気軽に修正できるから、スキルを持った住まい手がいる限り、住宅に「完成」はないのだ。スキルを持っていると、それを使ってみたくなる。しかし、それ以上に、社会の一員としてスキルを生かして貢献する喜びがあるのではないだろうか。最近、森田氏は「どんどんなくなっていく地域の町家をどうにかしたい」と考えている。スキルを持つまちの住人として、どのようなアクションを起こしうるのか、期待がふくらむ。

DATA

活動主体：垣内光司（八百光設計部）、森田眞
規模／拠点：約6人＋コンクリート打設ボランティア6人／京都市東山区の町家
期間：2009年12月〜2010年8月
資金：約300万円（クライアント資金）
デザイン対象：DIYプロセス

[工事する]　　[RWANDA]　　[2007-

[**家づくりで償う**
償いの家づくりプロジェクト
ルワンダ

29

虐殺の加害者が被害者のための家をつくることで、今も埋めきれない溝を持つ国民の和解を一歩進めるための支援プロジェクト。被害者の心を癒すワークショップのなかで贖罪(しょくざい)のための家づくりが被害者側から提案された。被害者と加害者の関係を修復することを重視する修復的正義の考え方に基づく。これにより和解は少しずつ進展しており、結婚する被害者・加害者の子カップルや協働事業が誕生している。

住宅づくりを通して癒しと和解を

　東アフリカのルワンダは1994年、100万人ともいわれる国民同士の大虐殺が行われたことで世界に知られている小国である。国家権力を掌握した多数派フツの急進勢力が一般市民を扇動・動員して少数派ツチの無差別殺戮を行った。

　注目を集めた映画『ホテル・ルワンダ』でも描かれているように、多数の普通の人びとが顔見知りである近隣の人びとの虐殺に参加した。フツであっても反体制派とみなされたり、虐殺に反対したりした者は殺害された。明らかな民族の違いがあるわけではない。ベルギーによる植民統治期になされたツチ―フツ間の差別政策により両者の分断が深まったのである。そして国民の識字率の低さや教育・情報リテラシー不足によりフツの急進勢力からラジオ等で煽動されたことで虐殺は開始された。虐殺の爪痕は約20年経った今もまだ人びとの心に深く刻まれている。

　「償いの家づくりプロジェクト」は現地在住の日本人、佐々木和之氏が2005年から、現地NPO「REACH（Reconciliation Evangelism And Christian Healing）」と協力し、大虐殺後の癒しと和解プロジェクトを展開するなかで生まれた。まず、REACHが実施する癒しのセミナーに参加するなかで、被害者の多くが虐殺当時に破壊された住居の再建と加害者からの真摯な謝罪が必要であると訴えた。

　その後、加害者は、罪の自覚を深めるためのセミナーに参加し、「償い」としての家づくりに取り組む決意を固めた。このプロジェクトは、加害者を処罰するだけで終わらせるのではなく、被害者の救済と回復のために加害者が責任を果たすことを通し、両者の関係修復を目指す修復的正義の考え方に基づいて実施されてきたもので、虐殺の加害者が被害者のために家をつくることによって、加害者と被害者の和解を実現しようとするものである。

　たとえば東部県ブゲセラ郡ンハラマ村は大勢の避難民がたてこもっていた教会が襲撃され、5,000人以上が犠牲になったことで知られる村だが、REACHは、2011年11月からこの村

大虐殺の時に壊された家

15～20人がグループとなって家づくりに取り組む

前頁：「償いの家づくりプロジェクト」にて、加害者による家づくりの様子

の人たちを対象に「癒しのセミナー」や「修復的正義と和解セミナー」を実施してきた。半年にわたるセミナーを通じて被害者と加害者の関係づくりを経た後、2012年5月のセミナー最終日に、加害者である村人たちが、「被害者のために家づくりをしたい」と申し出た。そして夫と子どもを虐殺で失ったばかりか逃亡中に出産という壮絶な経験をもつ女性、イマキュレーさんと彼女の子どもたちのために家を建てることになった。

当事者の合意を得ながら仕組みを整える

労働力は村人たちが無償で提供し、材木代はイマキュレーさんが負担、他の材料はREACHが支援することで合意した。こうしたコスト等に関する条件を支援者が決めてしまうのではなく、当事者の合意を得ることが特徴である。家づくりに参加する加害者のなかには、プロの大工さんが3名いることもわかった。ただし作業従事者がプロかどうかはそれほど重要ではない。というのも、ルワンダの住宅は基本的には土塗り壁で質素なつくりとなっており、住民の手でも施工が可能である。またルワンダではコミュニティの結束力が高く、住民同士が手伝う環境がある。

1軒あたりの建設期間はおよそ90日間(3カ月)、加害者が集まって自主建設のかたちで家づくりが進められる。人と人が赦し合うための活動を住まいの建設を通して実現しているところに、建築物の持つ数々の社会的意義・可能性を感じずにはいられない。

和解から協働へ

このプロジェクトにより和解は少しずつ進展し、被害者家族と加害者家族の間にある壁を乗り越え、2012年には結婚する若者たちが現れている。また加害者たちが被害者のための家づくりに取り組んできたキレヘ郡のガフゾ村とルガンド村では、2011年になると新しい動きが始まった。REACHの活動を通して関係修復を果たした人びとが、加害者と被害者の区別なしに誰でも参加できる協働グループを結成し、将来の活動のために毎月の会費を積み立て始めたのである。2012年には豚3頭を共同購入した。

ガフゾ村の協働グループは、「ドゥハラニレ・ウブムエ・ヌブギィユンゲ(一致と和解に励もう!)」という名で、虐殺加害者25名、虐殺生存被害者10名、虐殺被害者の親族3名からなる計38名が参加している。ルガンド村の協働グループ「アババハラニラ・アマホロ(平和のために労する者たち)」は、虐殺加害者21名と虐殺生存被害者5名からなる計26名で構成されている。和解から協働へ。体験を分かち合うセミナー、そこから芽を出した和解のための家づくりは人びとの意識を変えるだけでなく、小さな、けれども大きな一歩を踏み出すきっかけとなった。

加害者たちが服役する刑務所。ベルギー植民地当局によって建設された

家づくりに取り組む加害者たち

3、4軒の家が完成すると新築祝いが催される

償いとしての家づくり
同じ集落に住む15〜20人が
グループとなって労働に参加（週3日）

新築祝い
・被害者、加害者の親族や
　近隣の人びとが集まり、建設を祝う
・加害者による謝罪と被害者による応答

修復的正義と和解セミナー
半年に3回（1回につき3日間）
・被害者の証言を聞き、
　罪の自覚を深める
・被害者の救済と回復のために
　できることを考える

癒しのセミナー
半年に3回（1回につき3日間）
・ストレスやトラウマの対処法を学ぶ
・心の悩みや生活の困難について語り合う
・憎しみからの解放、許しの可能性を学ぶ

平和構築

現地NPO

加害者（男性）

被害者（女性）
虐殺されたのは男性が多いため
生存被害者には女性が多い

被害者の証言を聞く加害者。こうしたセミナーは教会で行われる

癒しのセミナー。心にしまい込んできた苦しい体験を仲間と分かち合う

[20年にわたるプロジェクトの変遷]

- 1994年　ルワンダ大虐殺
- 1996年　REACH（Reconciliation Evangelism And Christian Healing）設立
- 2000年　REACHが、癒しのセミナーを開始
- 2006年　修復的正義と和解セミナーを開始
- 2007年　公益労働刑の受刑者による家づくりプロジェクト開始
- 2009年　刑期を終えた加害者がボランティアで取り組む「償いの家づくりプロジェクト」が開始
- 2012年　「償いの家づくりプロジェクト」に参加した被害者と加害者が2つの協同組合を結成
- 2013年　上記の協同組合による「協働養豚プロジェクト」が開始
- 2014年〜「償いの家づくりプロジェクト」を他地域で展開することを計画

DATA

活動主体：佐々木和之（日本バプテスト連盟国際ミッションボランティア、プロテスタント人文・社会科学大学教員）、現地NPO（REACH：Reconciliation Evangelism And Christian Healing）

規模／拠点：NPOスタッフ6人、建設された40軒の家に住む被害者200人、プロジェクトに参加した加害者240名（2013年までの数字）／ルワンダ共和国国内各地

活動期間：2007年〜

資金：約1,200ドル（1軒あたりの建設費）

デザイン対象：虐殺の被害者と加害者の和解を進めるプログラム

COLUMN

回復の場のデザインは可能か?

岩佐明彦

「住みこなし」の持つ回復力

2004年の新潟県中越地震以降、仮設住宅でお教えいただいた住みこなし（カスタマイズ）ノウハウを編集し、被災地にフィードバックするという取り組みを通して、仮設住宅の居住環境支援に関わってきた（P.166）。

仮設住宅の住みこなし事例を見ていくと、仮設住宅のバグフィックス的な事例よりも、仮設住宅をより積極的に使いこなそうとする事例が多いことに気づかされる。通路を利用した宴会など、仮設住宅ならではの人とのつき合い方を生み出した例もある。住みこなしには居住環境を改善するという側面もあるが、環境に対して積極的に関与していく前向きな気持ちが生まれるというメンタルケア的な側面も指摘できる。

また、住みこなしノウハウの共有を通して生まれる人のつながりも見逃せない。仮設住宅においてその居住環境の悩み（愚痴）やその改善方法は、居住者共通の話題であり誰でも取り組める課題である。東日本大震災の仮設住宅団地で実施した住みこなしノウハウを共有するワークショップでは、カスタマイズのノウハウの伝授や作業（工作）の依頼など、住みこなしノウハウを媒介とした人のつながりの創出が確認できた。

住みこなしの工作を通して、仮設住宅の中に自らの役割を見つけ、やりがいや生きがいにつながっていく例も見られた。ある引退した大工は、仮設住宅入居後、家の風除室を加工したところ、それが評判となり、仮設住宅地での大工仕事の依頼を受けるようになった。また、謝礼を受けることで幾ばくかの収入にもなっている。

これから続く長い復興の道のりで最も必要なのは、環境を自ら切り開いていくメンタリティである。仮設住宅の構築環境は暫定的であるが、そこを「住みこなし力」を養う場ととらえ、復興のステップへつなげていくことも重要である。

回復の場はデザインできるか？

仮設住宅の設置の期限は2年間とされている。東日本大震災では高台移転等の手続きに時間がかかり、その居住期間は1年単位で延長が可能となり、すでに4年目に突入しようとしている。

仮設住宅は住居再建までの暫定期間を過ごす場所であるが、そこは決して「つなぎ」の場所で

手製の家具をご近所さんがプレゼント

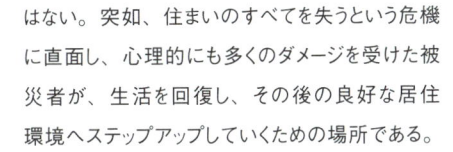

会話が花咲く仮設住宅カスタマイズの様子

はない。突如、住まいのすべてを失うという危機に直面し、心理的にも多くのダメージを受けた被災者が、生活を回復し、その後の良好な居住環境へステップアップしていくための場所である。

仮設住宅は、迅速に供給する仕組みも重要であるが、単なるシェルター（避難所）ではなく、「回復の場」としてデザインすることが求められているのではないだろうか。

仮設住宅で頼りにされる仮設カスタマイズの達人

回復の場のデザインのために

仮設住宅を回復の場としてデザインしていくためには、そこに住む被災者に回復へのきっかけを提供することが必要になる。

従来、居住環境の質を包括的にはかる指標としてQOL（Quality Of Life）が用いられてきた。仮設住宅の居住環境に関しては、簡易な住まいをより一般の住まいに近づけるべくさまざまな提案が行われてきた。建築家が関わることで、デザイナーズマンションと見間違うほどの居住環境を実現したものもある。これらはQOLの観点からは大いに評価できるが、仮の住まいである以上、本格的な生活の再建へ向けた力を蓄える場でもあるべきだろう。私は仮設住宅の居住環境には、QOLに併せてOOR（Opportunity Of Recovery：回復の機会）という指標があるのではないかと考えている。

先述した「住みこなし」は、仮設住宅の欠陥の克服がきっかけであったものの、図らずもそれが居住者間で共有される過程でコミュニティや生きがいの創出につながっており、OORという視点からは評価できる。

入居の初期段階での最低限度のQOLはもちろん必要であるが、OORに資する仕掛けを組み込んでおくことにより、居住の進行とともにQOLが向上していくような仕組みが、回復の場のデザインにつながっていくのではないだろうか。

［見つめる］

[建築物は、一旦完成すれば設計者や施工者の手を離れ、使い手に委ねられて、しばらくは大きな変化はないものとされている。しかし、フィジカルな変化がなくとも、人びとの見方が変わるだけで、建築の存在はいかようにも変わりうる。建築に携わる専門家は、フィジカルな建築物をつくり出したり変化を加えるだけでなく、新たな見方を提示することで、建築の存在をデザインすることができるのではないか。本章では、さまざまなかたちで建築の意味や人との関係を再構築する取り組みを紹介する。]

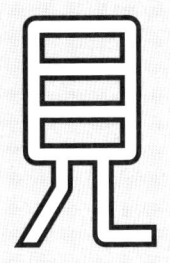

見

[見つめる] [UK] [1992]

建築の見方、楽しみ方を育てる
オープンハウス・ロンドン
英国・ロンドン

30

[オープンハウス・ロンドンは、毎年9月の週末2日間、市全域に広がる、700以上の建築物やツアープログラムが、一斉に無料公開されるイベントである。デザインの質が重視された多種多様な建築物の公開に際して、1992年から関わる事務局に加え、企業や行政、ボランティアや建物所有者などの多様な主体が積極的に携わることで、建築・都市への愛着や魅力を醸成することを目指した、都市の磨き上げの取り組みである。]

まち全体を舞台とした建築物の同日一斉無料公開

　9月のとある週末、ロンドン各地に突如現れる、建物前の大行列……。「オープンハウス・ロンドン・ウィークエンド」は、毎年9月の週末2日間、市全域に広がる建築物やツアープログラムが一斉に無料公開されるイベントである。当日、各公開建物にイベントのテーマカラーであるライトグリーンの共通横断幕が掲げられ、まちを歩けば、同じくライトグリーンのパンフレットを持ってお目当ての建築物を捜し歩く人たちがひしめき合う。有名な保険会社の超高層ビルから、普段入れない行政の施設、そして、エコを重視した一般の戸建住宅まで、デザインの質が重視された多様な用途・年代・様式の建築物が公開される。イベントを開始した1992年当初はわずか30棟で始まり、公開を依頼しても8割は断られていたが、20周年を迎えた2012年では、700以上の施設公開が行われている。また、独自のiPadアプリを入手すれば、マッピングはもちろんのこと、現在地近くの公開建物や公共交通の最寄りが表示されるなど、「まち」全体がオープンハウスに参加している。

都市への愛着を醸成するオープンハウスイベント

　近年、国内外の各都市で、シティプロモーションイベントは多く行われているが、この取り組みは、都市・建築のデザインの質がいかに都市を魅力的にしているかを示すことで、「都市への愛着」醸成と教育を目的としている。イベントを運営している非営利民間の事務局（Open-City）は、1992年、このイベント開催を契機に設立された団体だが、現在では、オープンハウスのみならず、小学生の教育活動や議員研修など多様なプログラムを展開している。

多様な主体が関わる「都市の磨き上げ」

　この活動の特徴は、多様な主体の関わり方にある。事務局、ボランティア、建築物のオーナー、

「オープンハウス・ロンドン2013」では約800の建物が公開された。その中には一般住宅も数多く含まれ、オーナー自ら建物を紹介することも

前頁：毎年9月、「オープンハウス・ロンドン・ウィークエンド」の開催時は、建物に入るために並ぶ人びとの行列があちこちに現れる
上右とも、©Open-City

パンフレットを手に道行く人

企業、行政がそれぞれのかたちでこの取り組みに関わっている。なかでも特徴的なのが、オーナーの関わりである。本施設の公開はいずれも、事務局（リーダーはヴィクトリア・ソーントン氏）がデザインの質が高いと判断した市内の建築物のオーナーと直接交渉して、無料での公開に至る。各施設の公開は、いつでも入場可能なタイプ、指定時間ごとに並ぶタイプ、予約が必要なタイプに分かれる。現地に向かうと共通フォーマット（時には独自の）建築紹介シートが配られ、ボランティア等が説明してくれるのだが、多くは、オーナーや関係者が自ら建築物の紹介やおもてなしをしてくれる。特に、公開建築物の中でも60棟ほどは一般の邸宅であるが、建物のデザインから経緯まで詳しく説明してくれるし、写真撮影も自由で、驚くほど住宅の隅々まで公開してくれる。何より、オーナーが直接来場者と接してイベントに参画することで、自らの建築への誇りを高め、魅力的な「都市の磨き上げ」につながるのである。

ホストでありゲストであるボランティア

もう1つは、ボランティアの関わり方である。ボランティアは、ホストでありゲストでもある。当日は、6,000名以上のボランティアが参加しており、事務局のリストに登録されたリピーターのボランティアが、新人ボランティアを教育する。ボランティアは自ら手伝いたい施設を選ぶことができるとともに、イベント2日間のうち、1日ボランティアすると、残りの1日は、各施設に並ぶことなく公開施設が見学できる「優先権」が与えられており、積極的に参画することへのインセンティブが仕掛けられている。

ワールドワイドなネットワーク

この取り組みは、ロンドンにとどまらず、「オー

[オープンハウス・ワールドワイド加盟組織]

プログラム名称	Open House London	Open House New York	Open House Dublin	Open House TelAviv	Open House Jerusalem	Open House Helsinki	Open House Melbourne	Open House Galway	48H Open Hose BCN
対象都市	ロンドン UK	ニューヨーク USA	ダブリン アイルランド	テルアヴィヴ イスラエル	エルサレム イスラエル	ヘルシンキ フィンランド	メルボルン オーストラリア	ゴールウェイ アイルランド	バルセロナ スペイン
創設年度	1992	2002	2005	2007	2007	2007	2008	2009	2010
主催組織	Open City	Open House New York	Irish Architecture Foundation	—	—	Openhouse Association/Finnish Association of Architects (SAFA)/Helsinki Design Week	Open House Melbourne	Open House Galway/Irish Architecture Foundation/ (a local voluntary committee)	Association Cultural 48h Open House Barcelona
主催形式	非営利民間	非営利民間	非営利	—	—	非営利民間	非営利民間	非営利	非営利民間
開始当初の対象施設数	約30(*1)	84	—	84PG(*3)	84PG	9	8(来場者3万人)	—	約100(*1)
2013年開催日程	9/21-22	10/12-13	10/4-6	5/2-4	11/7-9	9/13-15	7/27-28	10/10-13	10/19-20
同 対象施設数	約800	300	約100+40EV(*2)	150PG(*4)	120PG	42+6EV	107	約30+10EV	約150
同 来場者数	25万人以上	約18万5000人	3万600(*4)	—	—	—	約12万6000人	—	約4万7000人(*4)

プンハウス・ワールドワイド（Open House Worldwide）」という、世界各都市のオープンハウス実施組織による連携・支援の緩やかなネットワークに加盟する、21組織（2014年1月現在）でオープンハウスが実施されており、世界各都市で運動的に広がっている。

こうした動きを背景として、建築や資産をまちに「開く」ことで、まちを楽しみ、まちに関わり、高める「オープンハウス」的な取り組み・意識は、国内外を問わず各地で急速に育まれつつある。

DATA

活動主体：オープンシティ（Open-City）
規模／拠点：約800施設／ロンドン市内全体
期間：1992年より毎年、9月の週末2日間。ただし、オープンシティの活動自体は通年にわたる
資金：約22万ポンド（事務局の年間予算、40％は行政の補助、15％は企業スポンサーの補助）
デザイン対象：建築公開・教育の仕組み

[オープンハウス・ロンドン運営の仕組み]

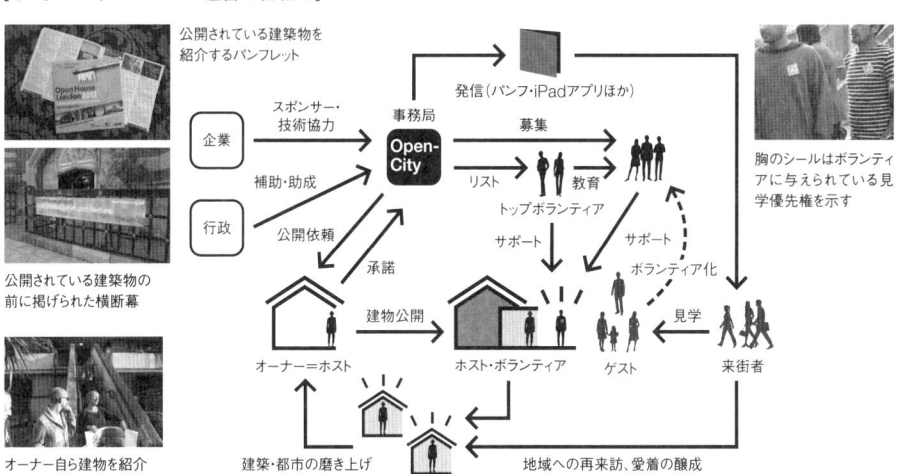

	Open House Slovenia	Open House Chicago	Open House Roma	Lisboa Open House
	スロベニア	シカゴ USA	ローマ イタリア	リスボン ポルトガル
	2010	2011	2011	2012
	Chamber of Architecture and Spatial Planning Slovenia [ZAPS]	Chicago Architectural Foundation	Open City Roma	Lisbon Architecture Triennale (Open House Lisbon)
	非営利	非営利民間	非営利民間	非営利民間
	45（来場約400人）	131	約80（*1）	—
	10/5-6	10/19-20	5/4-5	10/5-6
	120	約150	145+25EV	約60
	約3500人（*4）	—	3万人以上（*4）	約1万4000人

*1　ヴィクトリア・ソートン氏へのヒアリング調査結果による
*2　EV：ツアーやイベントの数
*3　PG：公開建築にツアーやイベント等を加えた数
*4　2012年の実績

出典：野原卓、岡村祐「建築都市公開プログラム『オープンハウス』を用いたシティプロモーションに関する研究 その1：英国ロンドンOpen-Cityの活動と世界的ネットワークOpen House Worldwideの取組みについて」『2012年度日本建築学会大会学術講演梗概集 F-1』2012年
*2012、2013年のデータは、市民協働のデザインWGにて各事務局のウェブサイトを参照して明記したもの

[見つめる] [OSAKA]

愛するビルを伝え、
新しい価値を与える

ビルマニアカフェ
大阪府大阪市

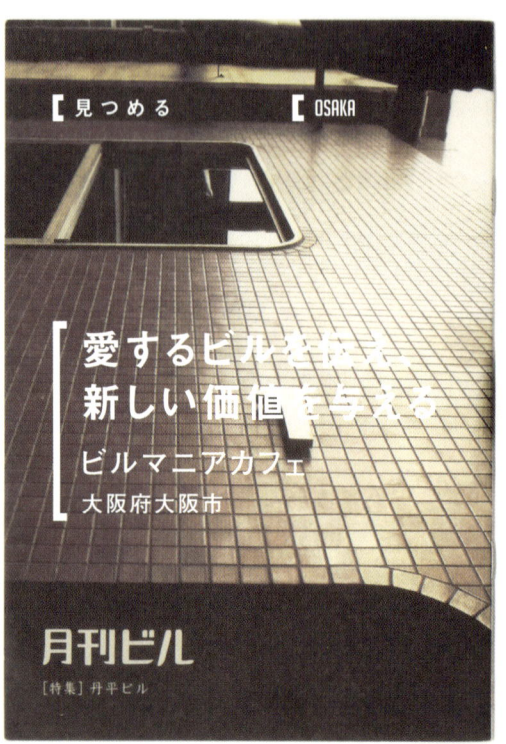

月刊ビル
[特集] 丹平ビル

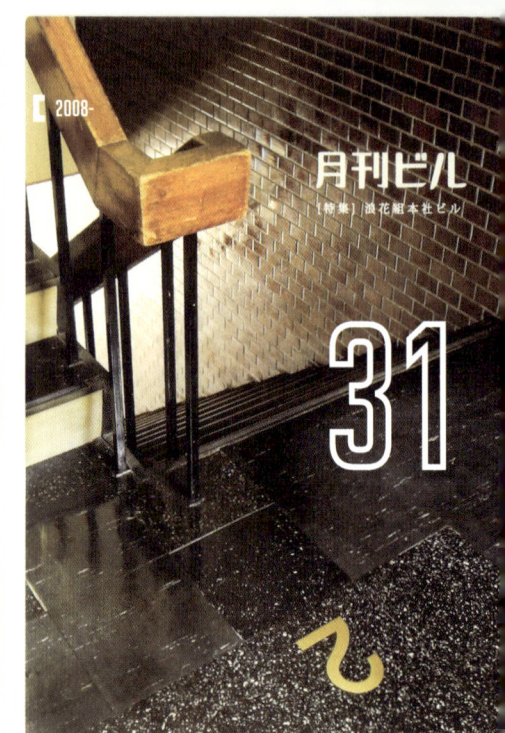

[2008-]

月刊ビル
[特集] 浪花組本社ビル

31

月刊ビル
[特集] 御堂筋ダイビル

日本のどの都市を歩いていても、「これはいい趣のビルだな」と足を止めてしまうことがある。しかし、そうしたビルたちも知らぬ間に壊されてしまい、すっかり新しいイケテナイビルになっていることも珍しくはない。そんななかで、とにかくビルが好きだから、"ビル愛"いっぱいにそのビルのよさをオーナーや使っている人たちに伝える活動をする「ビルマニアカフェ」という5人組が大阪にいる。

月刊ビル
[特集] 大阪写真会館

"いいビル"を愛でるイベントを開催

「ビルマニアカフェ（以下、BMC）」は、主に空きビルを使ったイベントの企画やリトルプレス『月刊ビル』の出版などを中心に活動している。2008年に岩田雅希氏（設計士）が声をかけるかたちで、阪口大介氏（まちの不動産業）、夜長堂氏（雑貨企画・制作）、川原由美子氏（デザイナー）、高岡伸一氏（建築家／大学講師）によって誕生した。最初に行ったイベントは「BMC2008」。大阪市南堀江に建つ築50年以上の西谷ビルを会場に、彼らの愛する1950～70年代のビルに着目した2日間にわたるイベントを行った。1950～70年代の喫茶店メニューを当時のデザインの椅子に座って楽しむことができるカフェやレトロな家具・雑貨ショップ、BMCメンバーが大阪中を走り回って撮り集めた各自の自慢のビル写真を紹介するスライドショー、ビル群の賃貸・売買の不動産情報の紹介などが、1つのビルの中に展開された。同時にビル内部の見学会、トークショーやライブも行われた。このことがきっかけとなり、ゲリラ的にさまざまなビルを使ったイベントを展開し始めることとなる。

BMCによる一番最初のイベント「BMC2008」。優雅な曲線を描いて上昇する階段をはじめ、戦後すぐに建てられたビルの魅力にあふれる西谷ビルの内部を紹介する館内ツアー

ビルの中、500人で盆踊り

BMCの最も大きな転機となったイベントが、2010年に始まった「トロピカルビルパラダイス」というイベント。「味園ビル」というビルの屋上で行われたのは、何と盆踊りだった。河内音頭家元の河内家菊水丸氏をゲストに行われたこのイベントの参加者数は、2日間で500人！ 翌年には同ビル内の元キャバレー「ユニバース」に場

ビルの一室はカフェ兼ショップになり、BMCオリジナルグッズやカフェのレトロ家具も展示販売された

1950～70年代のビルの魅力を語り合うトークイベントの他、地元クラブシーンで活躍するバンドを招いたライブも行われた

前頁：BMCが2009年からつくり始め翌年第1号を刊行した『月刊ビル』、通称「ゲツビル」。毎号1つのビルを取り上げ、BMC独特の目線でビルの魅力に迫る

所を変え、こちらでも継続的に500人を超す来場者を集客している。このようなイベントの際には、同時にビル内部を紹介するツアーや資料の展示なども行われている。

　イベントに加え2009年からは、『月刊ビル』という冊子を出版。毎号、BMCがセレクトする"いいビル"を1棟取り上げている。冊子の中では建築物のことだけでなく、その建物がどのように使われてきたか、時には使い手などビルにまつわるさまざまな立場の人にまで取材を広げる。ビルのオーナーには「自分が保有しているビルにそんな魅力があったのか」という気づきを、読者には「こんな雰囲気のいいビルがあったのか、こんな魅力的な使われ方があったのか」という気づきを与えるというわけだ。2012年にはさらに大阪の"いいビル"が加えられて書籍『いいビルの写真集 WEST』（パイインターナショナル）が出版され、大きな反響を得た。

[イベントで伝える]

2009年の春に行われた「おビル見」というイベントでは、北新地を中心としたビル散歩を行った。こうしたツアー型のイベントと既存の建物を活用するイベントを、より多くの人をターゲットに企画する

オーナーに誇りを！　ユーザーに知識を！

　彼らの"いいビル"かどうかという見方には、有名な建築家が設計したという評価軸はない。誰が設計したのかということとは関係なく、1950～70年代に建てられたビル特有の個性と背景を、今一度イベントやメディアというかたちで、一般の人びとにも伝える。そのことで、人びとのビルへの視線、ひいては建物やまちに対する見方、考え方をシフトさせてしまおうというわけだ。オーナーは所有する建物に誇りを持ち、また市民は建物にリスペクトを持ちながら活用していく。BMCの活動によって両者が結びつくことで、よい建物の幸せな継続的活用が生まれる。その先にあるのは、よいまちの継続ではないだろうか。人びとの意識を大きく変える力は、こんなところからも生み出すことができる。

DATA

活動主体：ビルマニアカフェ
規模／拠点：5人／大阪ニット会館
期間：2008年～
資金：イベント入場料、『月刊ビル』の売り上げ
デザイン対象：大阪のまちに1950～70年代に建てられたビルの見方・使い方を伝えるメディアやイベント

［メディアで伝える］

『月刊ビル』では、ビルにまつわる当時の貴重な話やディテール写真、さらにその中で繰り広げられる人間ドラマも取り上げる。口コミで読者が広がり、ついには書籍『いいビルの写真集 WEST』（バイインターナショナル）が刊行

［"いいビル"を使い倒す］

「トロピカルビルパラダイス」の第1回の開催地「味園ビル」は、1955年に建設された、キャバレー、スナック、ダンスホールなどによる複合商業ビルだ。トロピカルショータイムと題した盆踊りやライブ、味園ビル館内ツアーを行った

第2、第3回は、「味園ビル」内の伝説のキャバレー「ユニバース」で開催。「あの古いビルで、楽しいことが起きている」と年々盛り上がりを増している。"いいビル"をみんなで使い倒しながら、参加者の意識は変化していく

157

[見つめる]　[NAGANO]　[2008-]

[小さな道具を提案する
みずみずしい日常
長野県松本市]

32

[「みずみずしい日常」は日本のクラフトフェア発祥の地・松本市で開催される「工芸の五月」の期間を中心に、工芸・クラフトでまちの楽しみ方を提案するプロジェクトである。まちのあちこちに見られる「湧水・井戸・水路」を楽しむ小さな道具や使い方を作家や建築家、学生たちが地域住民と一体となって提案する。道具を介して水場と人の距離を縮め、身近な環境を楽しむ豊かな暮らしの風景を創出している。]

まちに新しい風景をつくる

　長野県松本市の中心市街地は山に囲まれ、地下水が豊富な一大水盆を有し、水資源を活用した城下町の都市構造を持つ。住宅や店の軒先、まちかどには井戸や湧水群、水路がめぐり、そこかしこから水の音が聞こえてくる。それぞれの井戸には所有者のこだわりや工夫が見られ、日常の手作業の積み重ねにより肌理の細かい街並みが形成される。一方で水路の暗渠化や建て替えによる井戸の埋め立て等が進み、かつての水場（湧水、井戸、水路）の風景が失われつつあることが景観上の課題である。「みずみずしい日常」では来訪者や地域住民、水場の所有者が一体となって水場の使い方や設えを工夫して楽しむ方法を実現するために「歩く」「囲む」「開く」の3つの作法に合わせた企画や道具を提案している。3つの作法による水場の活用がまちなかで有機的に結びつくことで、そこかしこで水場を楽しむ豊かな暮らしの風景が生み出される。

水場を歩く

　このプロジェクトでは、人と水場との距離を縮める3つの道具のデザインと、建築家や学生、市民による水場の案内コースが毎年企画されている。木工や陶芸、ガラス作家と水場の所有者が対話してつくる「みずくち」は井戸や水路の排水パイプに設置され、水の表情や音を変化さ

[みずみずしい日常の風景構想図]

水場を歩く、囲む、開く作法や道具によって現れる水場のにぎわい

前頁：水場を歩く際、まちへの切符の役割を果たす「みずさじ」。
地元の人がそれぞれの水場で米炊きや珈琲、紅茶など用途ごとに使い分けるほど水の味が違うという特徴から提案された

せたり、湧水のサインとして機能する。この他に湧水の味の違いを楽しむ利き水のための小さな匙「みずさじ」が提案され、美術館やギャラリーなどで手に入れて水場を歩くことができる。毎年「工芸の五月」[1]の期間には、松本市美術館でさまざまな視点で水場を歩く新作のコースと道具を体験する場を提供する「旅行社みずのさんぽ」をオープンし、水場の回遊性を高める。

水場を囲む

井戸端会議をヒントに、市民の身近な水場をいつもの仲間だけでなく来訪者を交えて囲む企画として、松本の水に関わる講師を迎えたお茶会「みずのサロン」や信州の蕎麦を湧水で楽しむ「みずそばの会」が開催される。

「みずのサロン」は水源地の山や井戸のある暮らしが見える水場を会場にして、水と暮らしの歴史や研究、保全などに関わるトークイベントで、普段何げなく通り過ぎる風景の成り立ちに触れ、その風景をつくり、守る人たちと出会う機会となる。

「みずそばの会」は市民によって守られてきた松本の名所源智の井戸が眺められるお寺の境内で、町内の青年部と作家たちが蕎麦でもてなす。蕎麦を湧水で楽しむガラスの器や作法は市民と作家の対話のなかで生まれた。住まい手自身が見慣れた場所で異なる使い方を実践し、新しい風景を来訪者とともに共有することで、暮らしの場を見直す機会となっている。

水場を開く

井戸のある庭先や空き家などの個人の水場を開放し、作家が作品展示と喫茶コーナーを提供する。作家たちは、庭先を新たにつくり込みすぎず、その場所にある石や風雪に耐えた味のある什器、竹やシュロ縄などで風景を整える。来場者は、柄杓（ひしゃく）で植物に水やりする暮らしの一場面に遭遇し、住まい手と「湧水育ちのお花、きれいでしょ？ 奥にはわさびが育っているのよ」といった会話や、庭先や屋内で静かに流れる水の音に耳を傾けながら湧水のお茶を楽しみながら、日常の水場のある暮らしの風景とともに作品を鑑賞する。

開放された水場は歩くコースの終着点に設定され、来場者をまちかどから軒先や路地裏、プライベートな庭先まで水場を通してまちの細部に入り込む体験へと誘う。開放された水場や水を身体に取り込む道具によりまちの体験を繊細で身体的に共有することを可能にしている。小さな道具とそれを使うイベントにより、まちには水場を歩く人が増え風景が変わり、所有者の態度の変容も見られた。今後、水場の利用価値やその重要性が認識されることで新たな水場の創出も期待できる。

註
1 松本と工芸の深い関わりに着目し、2007年より毎年5月を「工芸期間」として、松本を中心に美術館、博物館、クラフトフェアなど50の会場で工芸の企画展が開かれる。

DATA

活動主体：みずみずしい日常実行委員会
規模／拠点：コア5、6名、運営全体30〜40名程度／長野県松本市
期間：2008年〜（年に1カ月。準備期間約8カ月）
資金：助成金、委託事業費、参加費、商品売上費
デザイン対象：地域資源をめぐる道具と、その使い方を取り巻くイベント、ウェブサイト、展示ブース、会場レイアウト

[水場を歩く]

まちへの切符「みずさじ」
木工や陶芸、ガラス作家の手仕事でつくられた「みずさじ」はアクセサリー感覚で身につけられ、1人でも利き水を楽しむことができる。みずさじを手にすると水場を探す行為が能動的になることから、みずさじが「まちへの切符」の役割を果たしていると評される
ガラス:永木卓／陶器:岡澤悦子、田中一光、水垣千悦／木工:田路恭子、藤巻敬三／布:百瀬陽子／企画:人場研

水場のサイン「みずくち」
水場の表情や所有者とのコミュニケーション、場所の文脈から、作家それぞれが表現するみずくち
ガラス:永木卓、永松香里／陶器:岡澤悦子、田中一光、水垣千悦

建築家や学生、市民がつくる「水場案内コース」
裏路地の暮らしの水場を着物姿の女性が案内する「みずめぐり姫と巡る井戸・湧水・水路」や水を利用した城下町の都市構造や生活様式を案内する「建築家と歩く城下町水のタイムトラベル」コースには、水で塗り絵できるマップ「みずまきあるき」を片手にめぐる
マップデザイン:重実生哉／企画:人場研／コース:日本建築家協会長野県クラブ、信州大学、塩原幸子、西森尚己、三沢枝美子

[水場を囲む]

源池みずそばの会
源池地区では毎年そば会が開かれ、湧水を使ってそば打ちが行われていることから、「みずそばの会」を企画。湧水で打ったそばを湧水で育ったわさびと湧水につけて食べる。会場までは、みずめぐり姫がこの地区の水場を巡りながら案内するという仕掛けとなっている
ガラス:永木卓／そば:みんな源池会／会場:瑞松寺／企画・会場デザイン:人場研

[水場を開く]

池上邸の庭と蔵の展示「池上喫水社」
池上邸には江戸と明治時代に建てられた米蔵が残り、庭先に井戸、敷地周辺には水路がめぐる。蔵では日常の中で「水を祀る」をテーマに湧水と珈琲とガラスのインスタレーションが行われた。庭では、抽出された珈琲がガラスや木工作家の器で提供され、日常の水場と静かに向き合う時間をつくり出した
ガラス:田中恭子／珈琲:L PACK／企画・会場デザイン:人場研

[見つめる　[UK　[2008

都市景観を愛で、公共空間を楽しむ
ピクノポリス
英国・ニューカッスル／ゲイツヘッド

33

まちなかにピクニック・フィールドをつくり出す「ピクノポリス」は、見慣れた風景を異化し、公共空間の出来事に市民を巻き込む。人びとはそこで食事をしたりお酒を飲んだりしてゆっくりと過ごすことで、その都市ならではの景観を再発見する。ピクニック・コンテストは、人びとが創造的にまちに参加するきっかけになる。これは、都市と人とのひとときの幸せな接点をつくり出すプロジェクトである。

都市と人との接点をつくる
東京ピクニッククラブ

東京ピクニッククラブは、ピクニックの原形を歴史に探りつつ、多彩なクリエイターのコラボレーションで現代的で洗練されたピクニックの提案を行う。メンバーは、建築家、都市計画研究者、グラフィックデザイナー、フードコーディネーター、写真家、ランドスケープアーキテクトなどの専門分野にわたる。また、「ピクニック・ライト（ピクニックをする権利は、都市居住者の基本的人権である）」を主張し、都市の公共空間の利用可能性を探っている。

ピクニック・フィールドワーク[1]やピクニック・グッズのデザインなどを行っていた東京ピクニッククラブは、次第にピクニックを通したまちへの参加促進により直接的に取り組むようになる。その代表的なプロジェクトが、「ピクノポリス（＝ピクニックの都市）」である。

ニューカッスルゲイツヘッドの
景観を巡る

2008年8月、英国ニューカッスルゲイツヘッド（ニューカッスル・アポン・タインとゲイツヘッド両市を合わせた呼び名）にて、10日間にわたってピクノポリスが開催された。

疲弊した工業都市から文化主導の都市再生を成し遂げたこの地域では、タイン川沿いの地

左：チラシ代わりのコースターをあちこちのパブに置いた。地域のアイコンであるエンジェル・オブ・ザ・ノースや地元出身のスターサッカー選手などのイラストが入る。右：地元の醸造所とオリジナルビールをつくり販売。ピクニックに絡めて、地域産業振興も狙う。これも、地域の創造性を喚起する試みのひとつである

ベイビーブレインの10日間の「旅」は、まちの文化的アイコン、エンジェル・オブ・ザ・ノースの足元から始まった

バルティック現代アートセンターでは、ピクニック・バッグの工作や、ストッティという地元の伝統的なパンでサンドイッチをつくるワークショップが行われた

前頁：タイン川河畔のアートセンター前広場に置かれたマザーブレインでは、人びとがピクニックをしながら、ゲイツヘッド・ミレニアム・ブリッジが船を通すために"回転"するのを楽しんだ

区が牽引する空間再生（歩行者橋＋アートセンター＋音楽ホール。P.126参照）と並行して、文化芸術プログラムを通して市民を巻き込む取り組みが行われてきた。数々のプログラム開発を行ってきたのが、ニューカッスルゲイツヘッド・イニシアティヴという組織である。彼らが東京ピクニッククラブを招聘したことで、ピクノポリスが実現した。

まず、マザープレインと呼ばれる幅28mの飛行機型芝生ステージが歩行者橋のたもとに設置された。マザープレインは、再生された川沿いの景観を眺めながらピクニックを楽しむ人たちで大いににぎわった。

一方、ベイビープレインと呼ばれる芝生柄のエアマットは、100台ほどが一団となって毎日違う場所に現れた。巡回するのは都市を特徴づけるような場所で、たとえば、1日目は、文化主導の都市再生の端緒となった巨大彫刻エンジェル・オブ・ザ・ノース（アントニー・ゴームリー作）の足元、8日目は、19世紀の小さな工場建築群がアートスペースなどに生まれ変わりつつある小さな谷、といった具合だ。ベイビープレインは見慣れた景色を異化することで、公共空間の出来事に市民を巻き込む。人びとは普段は通り過ぎるだけだった場所で、ベイビープレインに座り、食事をしたりお酒を飲んだりおしゃべりをしてゆっくりと過ごすことで、見落としていたその都市ならではの景観を再発見する。

そうした過ごし方をサポートするために、近隣のパブやレストランがテイクアウトできるピクニック・メニューを販売したり、児童書センターが絵本の読み聞かせを行うなど、地域との多様な連携が実現した。また、地域の醸造所と組んでオリジナルのピクニック・ビールをつくるなど、地域産業とのコラボレーションがなされた。

市民の創造性を挑発する
ピクニック・コンテスト

最終日には、ベイビープレインの一団もマザープレインのもとに集まり、ピクニック・コンテストが行われた。これは、ピクノポリスでも最重要のプログラムで、その後のピクノポリスでも必ず行われている。

一般に多くのイベントでは、参加者は主催者のお膳立てした状況を消費することを楽しむ。しかし、ピクニックの場合、誰でも自分なりの工夫ができ、自分の手でつくり上げることができる。だから、ピクニック参加者は、消費ではなく、創造的にイベントに関与することができるのだ。コンテスト形式にすることで、彼らの創造性が挑発される。

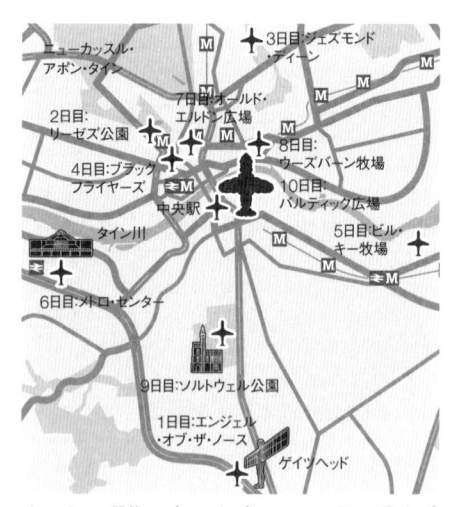

ピクノポリスの開催マップ。マザープレインは10日間同じ場所に設置され、ベイビープレインはニューカッスルとゲイツヘッドのあちこちをめぐって、毎日違う場所にピクニック・フィールドを現出させた

ピクノポリス・ロンドン（2012年）のピクニックコンテストの優勝グループ。コンテストでは、メニュー、道具＆スタイル、社交性の３つの観点でピクニックを評価する。都市の公共空間で多様な人たちが出会う場をしつらえる創造性を挑発する

ピクノポリス大阪（2011年）は、水都大阪フェスの一環として、中之島で行われた。水辺をテーマにしているため、飛行機ではなく舟型の可動式芝生を制作した

たとえば、優勝した老カップルは、英国のピクニック文化の豊かさを象徴するアンティークのピクニックセットを持参した唯一のグループであり、英国伝統のアフタヌーンティーのお菓子と日本の寿司のコンビネーションで美しい食卓をつくり出した。一転して２位のグループは、コスプレの若者たち。日本人が飛行機型の芝生をつくったと聞きつけ、パイロットやキャビンアテンダントのコスチュームをわざわざオークションで落札して、参加した。にぎやかなパーティフードは、実にこの都市らしい集まり方を演出しており（ニューカッスルは近年パーティ・タウンと呼ばれている）、みんなの人気者になった。

ピクノポリスが国内外をめぐる

その後、ピクノポリスは、横浜（2009年）、シンガポール（2010年）、大阪（2011年）、ロンドン（2012年）、福岡（2013年）と開催されている。いずれの都市にもその都市らしい景観があり、人びとはそれを愛でながらゆっくりと時間を過ごす。持ち寄られる食事や道具、公共空間に一時的に設けられる空間、そして集まる人びとの気質も、都市によって異なる。しかし、幸せそうな笑顔と交流が見られるのは、どこの都市も同じだ。ピクノポリスは、都市と人とのひとときの幸せな接点をつくり出す。そして、その体験が、都市と人との継続的な関係を結び直すきっかけとなりうるのである。

註
1 伊藤香織・太田浩史・石川初「Picnic Fieldwork」『10+1』no.32、pp.187-202、INAX出版、2003年

DATA

活動主体：東京ピクニッククラブ＋ニューカッスルゲイツヘッド・イニシアティヴ
規模／拠点：東京ピクニッククラブ（7人）、ワコールアートセンター（2人）、ニューカッスルゲイツヘッド・イニシアティヴ（3人）、現地イベントコーディネータ（1人）、現地コンストラクター（1人）／ニューカッスル・アポン・タイン＋ゲイツヘッド（英国）
期間：2008年8月16〜25日
資金：23.6万ポンド（ニューカッスル市、ワン・ノースイースト、ゲイツヘッド市、ノーザンロック・ファウンデーション、大和日英基金）
デザイン対象：公共空間のしつらえ、コンテスト、プロダクト

[NIIGATA, IWATE, MIYAGI, FUKUSHIMA]

仮設住宅の住みこなしを収集・流通させる

仮設のトリセツ
新潟県、岩手県、宮城県、福島県

災害仮設住宅は、災害後速やかに建設されることが最優先され、その土地の気候や暮らし方にマッチしたものとは限らない。こうした仮設住宅では、玄関の庇を大きくしたり、窓の外側に濡れ縁を付設するなど、居住者による仮設住宅を住みやすくするためのカスタマイズ（住みこなし）が見られる。「仮設のトリセツ」は、これらの住みこなしに着目した仮設住宅の居住環境支援の取り組みである。

東日本大震災の仮設住宅と住みこなし

　東日本大震災後建設された仮設住宅は5万3,000戸に及び、多数の被災者が慣れない仮住まいを強いられている。

　仮設住宅は住居再建までの暫定期間を過ごす場所であるが、被災者が生活を回復し、その後の良好な居住環境へステップアップしていくための場所であり、仮の住まいとはいえ、その居住環境は決して軽視できない。一方で、仮設住宅はどこでいつ起こるかも予想できない大規模災害に備えて準備されており、地域環境に沿った細やかなデザインを求めるべくもない。良好な居住環境を迅速に構築するためには、建設後の居住者自らによる住みこなしが不可欠である。

住みこなしノウハウ共有の試み: 仮設のトリセツ

　東日本大震災発生後、「仮設のトリセツ」(トリセツ:取扱説明書の意)というウェブサイトが新潟大学工学部岩佐研究室によって作成された。仮設のトリセツは、仮設住宅を居住者自らが住みこなしていくためのノウハウのデータベースで、過去の仮設住宅の居住環境調査で得られた住みこなし事例を、改善目的や部位、材料などで検索できるようになっており、必要な道具や材料の調達方法なども紹介することで、建築に詳しくない人でも自分の住まいを過ごしやすく工夫することができるようになっている。また、事例はすべてカード形式で印刷可能となっており、ウェブサイトからダウンロードして、仮設住宅地で自由に回覧できるように配慮されている。

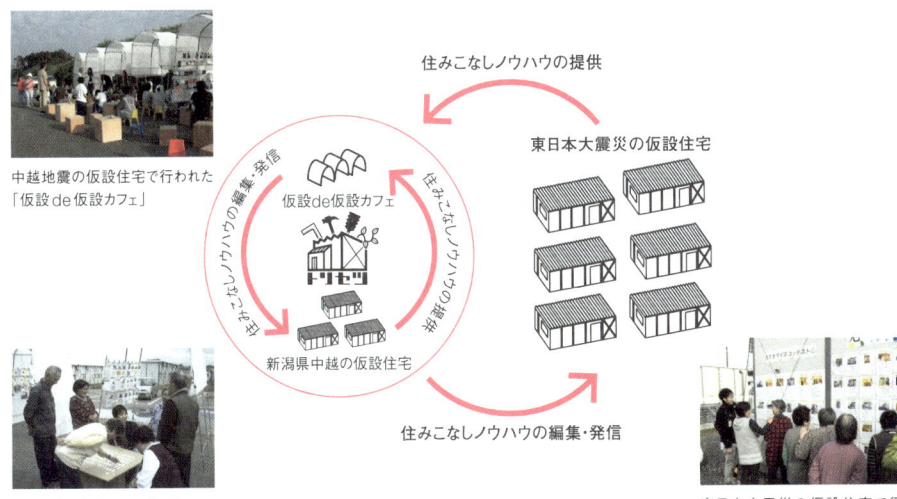

中越地震の仮設住宅で行われた「仮設de仮設カフェ」

キャラバン形式のオープンカフェで仮設住宅の住みこなし方を調査

東日本大震災の仮設住宅で行われたカスタマイズコンテスト

前頁:ウェブサイトで公開されている「仮設のトリセツ」は現在70事例。カード形式になっており、すべてPDF形式にてダウンロードできる

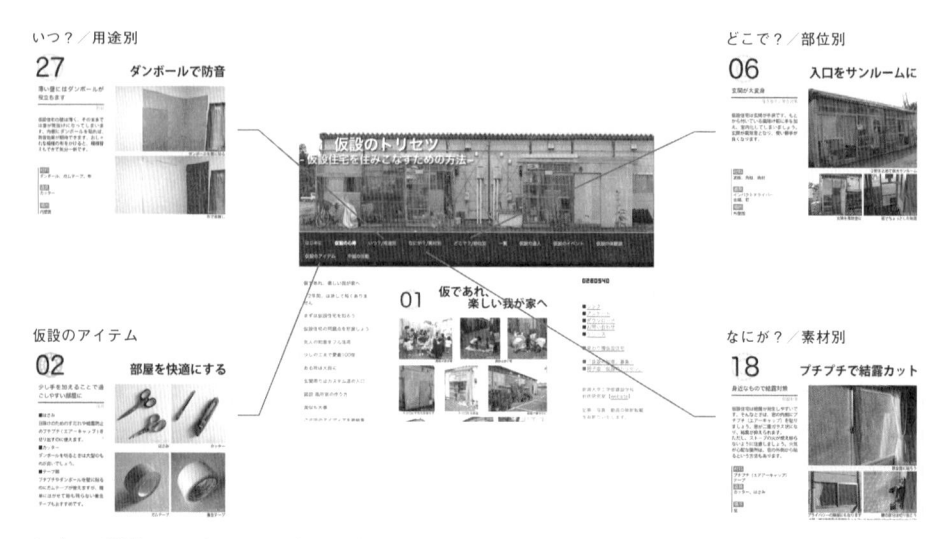

ウェブサイト「仮設のトリセツ」では、70の事例が用途別、素材別、部位別に紹介されているほか、便利な道具や材料を紹介している

中越の仮設住宅での試み：
仮設 de 仮設カフェ

　仮設のトリセツで紹介したノウハウは、新潟県中越の災害仮設住宅（7.13水害・中越地震：2004年）で実施したオープンカフェ「仮設de仮設カフェ」（企画・実施：新潟大学・長岡造形大学・東京理科大学・昭和女子大学）がベースになっている。

　2004年に新潟を襲った2つの災害は中越地方に甚大な被害を与え、建設された応急仮設住宅は3,860戸にのぼる。そこでは居住者自らによる仮設住宅の改造が多く見られた。半年後の状況調査では、玄関まわり部分の風除けパネルを活用し、囲いや戸を取り付けて玄関前を風除室にしたり、さらに拡大して物置を増築している住居や、日除けを兼ねた植物栽培など、居住者がそれぞれ暮らしやすいように工夫を凝らし、そ

れが住棟間の街路にまでにじみ出してきている仮設団地が見られるようになっていた。しかし一方で、入居当時から全く手が加えられず殺風景なままの仮設団地もあり、被災地に点在する団地ごとでその状況には大きな差が生まれていた。いずれの仮設団地も居住者属性に大差はなく、提供されている仮設住宅の形状もほぼ同じである。こうした違いを生む要因は何なのか、さらに調査を進めていくなかで、その団地内で共有されている情報の違いがこの差を生んでいることが明らかになった。積極的に仮設住宅に手を加える居住者がいる団地では、それに触発されるように、隣近所でも似たような改造が行われている。一方「原状回復」のために釘1本手を加えることさえダメと信じてしまっている団地もあった。

　そこでこの「情報格差」を埋めることを目標に、仮設団地をめぐり、それぞれが独自でストックしている仮設住宅のカスタマイズ手法を広く流通させ

[仮設住宅のさまざま住みこなし]

上：入口をサンルームにカスタマイズ
下：物置を増築して花壇を設置

上：仮設の通路を緑の小路に
下：居住者によるカスタマイズ作業の様子

ていくキャラバン隊のようなものが企画された。それが「仮設de仮設カフェ」である。

住環境デザインにおける「情報の編集」

仮設de仮設カフェ、仮設のトリセツで綿々と続けられているのは、情報の編集作業である。仮設住宅の住みこなしのノウハウをそっくりそのまま提供するわけではなく、建築の専門家の目を通して情報を精査し、適切で安全に環境が構築できるよう配慮している。

こうした情報の編集作業は、仮設住宅の住みこなし支援に限ったことではない。建築ストックの利活用が注目される昨今の建築デザインにおいて、住まい手が主体となった環境形成が1つのトレンドとなりつつある。建築家の職能はきっちりと完成した空間をユーザーに提供することにとどまらず、そこでの適切な住みこなしを誘導するためのノウハウの提供が求められるようになってきている。居住環境デザインにおける「情報の編集」という新しいアプローチが生まれつつあるのかもしれない。

DATA
活動主体：新潟大学工学部岩佐研究室
規模／拠点：10～15人／新潟大学
期間：2011年3月～
資金：大学の研究費など
デザイン対象：応急仮設住宅の住みこなしノウハウに関する情報の収集と共有のツール

[見つめる] [TOKYO] [2011-]

まちや建築の見つめ方を育てる
子ども建築塾
東京都渋谷区

35

建築家・伊東豊雄氏が塾長を務める伊東建築塾では、小学校の中・高学年の児童を対象とした「子ども建築塾」の活動を行っている。前期は「いえ」、後期は「まち」をテーマに、年間20回の授業を通して子どもたちの建築やまちに対する意識を高め、自由な発想や表現の個性を伸ばすことを目的としている。

子どもたちの特性に合わせて
学習・制作をサポート

　伊東建築塾の運営を行う「NPOこれからの建築を考える」は、2011年に設立された。子ども建築塾の他、若い建築家や一般向けの建築講座、今治市伊東豊雄建築ミュージアムの企画・運営も行っている。これからの社会に要請される若く優れた建築家を育成するためには、従来の建築教育システムを離れた私塾というあり方がふさわしいと考え、開講された。

　子ども建築塾の塾生は、小学校3年生から6年生の児童20名。建築家の伊東豊雄氏の他、太田浩史氏（東京大学生産技術研究所講師）、村松伸氏（総合地球環境学研究所、東京大学生産技術研究所教授）が講師を務め、建築を学ぶ大学生・大学院生らがTA（ティーチングアシスタント）として参加している。TAはほぼマンツーマンで子どもたちに付き添い、1人ひとりの特性や理解の度合いを把握し、学習や制作をきめ細かくサポートしている。絵を描いたり、ものをつくるのが好きだからという理由で通う子どもが多いが、なかには授業の途中で集中力が途切れてしまう子どももいる。そんなときは、隣に座るTAが声をかけて、他の子どもが制作している様子を一緒に見てまわったり、模型をつくる授業であっても、スケッチが得意な子には先に絵を描かせたり、素材に触れながら手を動かしてみるなど、子どもたちのやる気を引き出せるよう、その子の特性に応じたアドバイスを与えている。子どもたちが楽しく自主的に制作に取り組めるよう、できる限り柔軟に個別の指導を行っている。

まちを知り、「まちの建築」をつくる

　子ども建築塾では、前期は「いえ」、後期は「まち」をテーマに、年間20回の授業を行っている。「まち」の授業では、過去には麻布十番や渋谷を敷地として、最終的にみんなでひとつのまちを完成させることを目標に、子どもたちが「まちの建築」を設計した。グループに分かれてまち探検を行い、まちの特徴を探ったり、地形や歴史

授業風景。TAはほぼマンツーマンで子どもたちに付き添う

建築家・大西麻貴＋百田有希が設計した住宅「二重螺旋の家」を見学後、その模型づくりに挑戦

前頁：子ども建築塾の授業風景。2013年6月より渋谷区恵比寿に専用スタジオを開設し、月に2回程度、授業を行っている

[「まち」を学び「まちの建築」を設計する（全10回）]

| 1 まち探検1 | 2 レクチャー まちを知ろう | 3 まち探検2 敷地を選ぼう | 4 まちとの関係 を考えよう | 5 中間発表 | 6 川越まち探検 に行こう! |

渋谷のまちを舞台に、4つのグループに分かれてまち探検を行う

まち探検で歩いたルートを示した渋谷の模型に子どもたちの提案が盛り込まれる

「子ども建築塾 渋谷のまち 探検マップ」を作製。公開発表会で配布された

に関するレクチャーを受ける。その後、具体的な場所に敷地を定め、スケッチや模型で表現し、終盤では写真やコンセプトをプレゼンボードにまとめる。2012年度の公開発表会では、保護者や一般聴講者ら100名以上が来場した。

　前期の「いえ」の授業では、内部と外部の関係、スケール、模型のつくり方などの基礎を学ぶが、後期の「まち」の授業ではさらに内容を発展させ、まちと建築の関係を考えることに重点を置く。講師は「まちと建物がどんなふうに会話しているか考えよう」と問いかける。すると、最初は戸惑っていた子どもたちも、「まちの建築」を誰にどのように使ってもらいたいか、周辺環境やまちの人びととどのように関わるのか、そこではどんな楽しい体験ができるのか、生き生きと語るようになる。しかし、頭の中に豊かなイメージがあっても、模型で表現しようとした途端に、素材や加工方法が限られてしまい、なかなか思い通りの形にならない。だが、そこであきらめるのではなく、自らのアイデアを何とか伝えようと、自宅でもプレゼン

の練習を行うなど、努力を重ねる姿があった。その結果、2012年度の公開発表会では、「かくれんぼ好きの人がたくさん来るびゅんびゅん風公園」「お花が歌をうたうお花屋さんのある不思議商店街」「5つの屋台が合体して巨大になるおまつり屋台」など、それぞれの個性が輝くユニークな「まちの建築」を発表し、大人たちも舌を巻いた。

身近な環境を見つめ直す子どもたち

　子ども建築塾では、子どものアイデアだからすばらしいという単純な評価は行わない。講師も、大学で指導するときの姿勢と根本的なところで変わりはない。では、何が違うのか。子どもたちは、たとえば建築家が設計した住宅を見に行っても、ガラス張りでかっこいいだとか、空間構成が面白いという表面的な見方はせず、「何でこんな家をつくったんですか?」と、設計者や施主に対して率直な疑問を投げかける。光や風が通る空間の気持ちよさを体験すると、次の授業では、すぐに

| 7 模型づくりに挑戦！1 | 8 模型づくりに挑戦！2 | 9 プレゼンテーションって？ | 10 発表の準備をしよう | 渋谷のまち公開発表会 |

まちと建築の関係を考えながら、敷地に「まちの建築」を設計する

塾生の作品「8の字ドッグストリート」。人間と犬、鳥が集う場所を提案

公開発表会。堂々とプレゼンする子どもたち

アイデアに反映させる柔軟さが備わっている。未知の体験に臆することなく、刺激を受けると、創作意欲が無限にわき上がってくるようなパワーがあることに、しばしば驚かされる。

現在、日常的に子どもに建築を教えるスクールは、国内では他にほとんど例がないが、1年間子ども建築塾に通った子どもたちの成長ぶりは、誰の目にも明らかである。最初は人前でうまく話すことができなかった子も、講師やTA、子ども同士でコミュニケーションをとるうちに、堂々と自分の考えを述べられるまでになった。また、まちや建築に興味を示すようになり、出かけた先で写真を撮ったり、スケッチを描いて観察するようになった子どももいる。建築や都市について時間をかけて学ぶことで、自分たちが毎日生活している身近な環境を見つめ直す、あるいは他者と共存する方法を考え、広い視野から物事をとらえる力を身につけてほしい。そして何より、子どもらしい自由な感性を失わずに成長してほしい。それが子ども建築塾に込められた願いである。

■子ども建築塾事業費の内訳（2012年度）

外注委託費	122,500 円
製図工作費	163,658 円
通信運搬費	20,623 円
旅費交通費	40,130 円
交際接待費	3,448 円
会議費	24,355 円
福利厚生費	7,266 円
消耗品費	81,145 円
講座運営費	191,723 円
印刷製本費	306,460 円
研修費	350 円
支払手数料	1,155 円
合計	962,813 円

＊「NPOこれからの建築を考える」の人件費・運営費は除く

DATA

活動主体：NPOこれからの建築を考える
規模／拠点：塾生20人、講師・助手5人、NPO専任スタッフ2人、TA30人／東京都渋谷区
期間：2011年4月〜
資金：受講料（塾生1人あたり年間10万円）、NPO年会費、助成金、寄付金
デザイン対象：教育プログラム

[見つめる] [WORLDWIDE] [2002-]

[身体を動かして、建築を学ぶ
けんちく体操
国内外多数

36

[「けんちく体操」ワークショップでは、建物の写真がプロジェクターで大きく映し出され、参加者はそれをじっくり観察し、即座に自分の身体でその形を表現する。最初は1人から、徐々に人数を増やしていき、最後は10人以上でチャレンジ。「けんちく体操」を体験すると、身体を動かしながら建築について学び、さらに建築に親しむ感性「けんちく体質」が身につく。]

自分の身体だけで、自分の好きなように、建物になりきる！ 3つのルール

「けんちく体操」は、2002年に米山勇氏（建築史家・江戸東京博物館研究員）と高橋英久氏（江戸東京たてもの園学芸員）によって考案されたもの。2010年に大西正紀氏（編集者）と田中元子氏（ライター）がメンバーに加わり「チームけんちく体操」を結成、全国でワークショップをはじめとした活動を展開している。

ワークショップでは、「けんちく体操はかせ」役の米山氏が全体の進行とファシリテーションを行い、他3名の体操マン役が、参加者たちと対決しながら全体進行のサポートを行う。

ワークショップが始まる前に、3つのルールを説明する。

1) 道具は使わず、身体だけで表現する
2) 人の真似をせず、自分の好きなように表現する
3) 建物になりきり、体操が完成してもすぐにやめない

最初は東京タワーなど1人で真似ができる建物に始まり、徐々に2人、3人と人数を増やしながら、さまざまな建物にトライしていく。終盤は10名ほどのチームをつくり、より複雑で大きな建物に挑む。全体で90〜120分の間に、15〜20ほどの建物にチャレンジする。

[「けんちく体操」ワークショップの流れ]

STEP1
ルール説明
「けんちく体操はかせ」と参加者が一緒に、3つのルールを大きな声で読み上げ、ワークショップがスタート

STEP2
体操マン登場
体操マンたちが参加者の輪に入り、ワークショップをサポート。あらかじめ15〜20の建物のスライドを用意しておく

STEP3
クイズ出題
クイズのスライドが登場。何の建物を指しているか、わかった人は手を挙げて答える。正解者には必ず拍手を。開催地域にちなんだ建物を組み込んでおくこともポイント

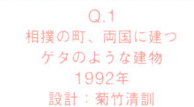

Q.1
相撲の町、両国に建つゲタのような建物
1992年
設計：菊竹清訓

「この建物は何でしょう？」

「答えは、江戸東京博物館です」

STEP4
建築になりきる
プロジェクターで映し出された建物の形を瞬時に表現。はかせに声をかけられるまで、参加者はその体形を維持しなくてはいけない。建物になりきる

前頁：東京タワーの「けんちく体操」。ワークショップでは、「けんちく体操はかせ」がそれぞれの体操に解説と批評をする。その後、1等賞を決めてみんなで拍手。ただし、どの表現も正解である。「けんちく体操」の表現に唯一の答えはない

[全国各地、海外への波及]

「まちあるき」と「けんちく体操」を融合
島根県雲南市木次で行われたまちあるきワークショップでは、現地の子どもたちが、普段何げなく目にしているまちの民家や商店、寺社などを「けんちく体操」で表現（協力：早稲田大学古谷誠章研究室）

ドイツ・バウハウス大学でのワークショップ
「けんちく体操」には難しい言葉の説明は必要ないため、海外の人びとにもすぐに楽しんでもらえる。このワークショップで認定を受けた現地の「けんちく体操マイスター」は、その後スウェーデンでワークショップを開催した

建物と体操の見どころを批評

建物の外観写真を大きく映し出したら、はかせの「はい、やってみよう！」の合図で即座に参加者たちは真似をする。そこに、はかせが建物のわかりやすい解説を加えながら、それぞれの体操にコメントをしていく。数十秒も経てば、じっとしている身体がきつくなってくるが、それでもはかせは「僕がいいというまで止めないで」と言う。どんどん苦しくなってくるが、そのとき参加者は建物の気持ちがわかるという。

建物ごとにはかせは、より優秀な2名（組）以上を選出し、みんなの前に出て再演してもらう。それぞれの観察眼と体操の表現の違いを比較し、さらにコメントを加えていく。たとえ同じような形の表現だとしても、歴然とした差が現れる。それも解説する。建物の解説と体操の批評とを絡めながらコメントすると、より場が盛り上がる。最後は参加者全員による拍手で終わることも重要だ。

「けんちく体操」に模範解答はないというメッセージも伝える。つまり、参加者それぞれが建築を観察し、表現するものすべてが正解となる。だからこそ、ワークショップのなかでは、参加者全員が必ず一度は前で自分の体操をお披露目できるようなファシリテーションを心がける。

真似することに喜びがある！
「けんちく体操」の効用

「けんちく体操」の効用には、主に3つが挙げられる。

ひとつは、建物をじっくり見る体験をするということ。普段、建物を意識しているようでしっかりと観察したことがない参加者たちは、自分で真似、表現しようとして、初めて建物をじっくり観察する。ワークショップ後、参加者たちがまちへ出ると、とても新鮮に建物を見ることができるそうだ。

2つ目は、世代、性別を超えたコミュニケーションが生まれること。人数を増やしていくと、出会ったばかりの人たちが互いに手を取り合い、身体

[教育現場での導入]

文化祭の出し物として
三重県亀山市立亀山西小学校の3年生74名は、文化祭の出し物として「けんちく体操」をアレンジした演技を制作。その後も各種イベントでお披露目している。身体を動かすことと建築を学ぶことを全身で楽しんでいるという

建築科の授業の一環として
栃木県立真岡工業高校では、建築科の授業の一環として「けんちく体操」が取り入れられている。その効果について高校の先生は「建築への意識をより強く持つことができる」と述べている

を支え合い、協力しながら「けんちく体操」を設計することになる。子どもも大人もお年寄りも、すべての垣根を越えてコミュニケーションを交わし、合意をとりながらつくり上げていく。人数が増えるほど表現が多様になり、参加者たちは想像以上に発揮されるクリエイティビティに興奮する。

3つ目は、建物と自身の身体とが一体化する創造体験となること。参加者たちは身体の形ができ上がった瞬間、建物になりきりじっとする。じっとしていると、やがて身体が悲鳴を上げ始める。そこへかせによる建物の解説が覆い被さるとき、参加者はみな、創造体験の喜びに包まれる。事実、ワークショップの会場では大人も子どもも、みな生き生きと笑顔を浮かべつつ、真剣な眼差しで建築と対峙している。

教育プログラムとしての広がり

公式ワークショップだけでなく、各教育機関における教育コンテンツやまちあるきなどのイベントの一環として「けんちく体操」を活用した事例も増えている。

また、「けんちく体操」を広げるために、「マイスター制度」が設けられている。基本的にまずはワークショップに参加してもらい、そのノウハウを体験した方にチームけんちく体操がより具体的なワークショップへのアドバイスをして、さまざまなかたちにアレンジされた「けんちく体操」のイベントを実践してもらう人になってもらおうというわけだ。彼らを「けんちく体操マイスター」と命名し、全国、世界へ広げていくことを進めている。

DATA
活動主体:チームけんちく体操
規模・拠点:4人/チームけんちく体操の活動拠点は東京だが、依頼があり次第、どこでも随時対応
期間:2002年〜(月平均1、2回、ワークショップ開催)
資金:イベント主催者が「チームけんちく体操」メンバーの交通費・謝礼等を負担
デザイン対象:ワークショップの仕組み、参加者の身体と建物の形

座談会

建築にできることは、もっと多様で幅広い

伊藤香織 × 有岡三恵 × 一ノ瀬 彩 × 大西正紀 ×
岡部友彦 × 志村真紀 × 平田京子 × 山代 悟

建築とコミュニティの関係を築く

伊藤：建築は地域社会の中で愛される存在になっているか、というところから議論が始まりました。日本建築学会建築教育委員会傘下のワーキンググループとして、当初は建築を知ってもらうための社会教育を考えるつもりでしたが、設計者をはじめ建築に携わる側もまちや地域社会との関係の築き方を学ぶ必要があるという議論になっていきました。両方向の学びが必要だと。また、新築の上棟式のように建築の生涯のいろいろなフェーズで祝うことができれば、地域社会に愛される建築のきっかけになるのではという話も挙がりました。並行して、上位委員会の建築教育委員会では「建てない時代」の建築教育のあり方がテーマになっていました。

山代：上棟式はお祝いであるとともに、コミュニティが結束する場にもなっていますが、新築の減少とともにそういう機会も減っています。建物を建てるときだけでなく、使っている段階、あるいは建物がなくなるときなど、建築のライフサイクルのさまざまなフェーズで建築を言祝いだり、コミュニティの晴れの場を提供するような試みが必要です。建物とコミュニティがどのような場面で、どういう関係を持つチャンスがあるのか、さまざまな試みを検証し、まとめたのがこの本です。

一ノ瀬：建築教育の現場では「つくる」教育はしてきたけれど、普及や批評、まちや建築の使い方について学ぶ機会はほとんどありませんでした。だからこそ、建築を生業としている人たちに、この本で紹介しているさまざまな動きを知ってほしい。各地で実践する人が増えて、まちに生かされる建築の活動が広がっていくことを期待したいですね。

志村：こうした活動には、建築家の職能の拡張とともに、アーティストや他ジャンルのデザイナー、不動産業者、事業者とのコラボレーションも求められますね。

伊藤：そうですね。建築を生業とする人がマネジメントやワークショップなどに手を広げる場合もあるし、逆に、企画業務をする人が建築の分野に携わるようになるようなこともあるでしょう。

ボトムアップで始まるまちづくり

山代：オーストラリアのシドニーで都市デザインのシンポジウムに登壇した際、市民が直接的に参加する都市デザインには、2つの方向があるという議論になりました。1つは、行政や大企業主

2014年2月　建築会館会議室にて

導の大きな計画に市民のアイデアや活動を取り込んでいく仕組みをつくるというやり方。もう1つは、大きな計画と無縁とまでは言わないけれど、市民の意思でボトムアップ的に始めていくという方向性。

今回の本にも、その両方のアプローチを紹介していますが、ボトムアップ系のほうがやや多いかもしれません。

岡部：自分の家だけでなく、パブリック空間にも関わっていいんだという意識が徐々に広がっているようにも感じます。地域や公共施設にどうアプローチできるか、模索しながらも楽しんでいる。この本に登場する人たちには、それが根底にあるように思いました。それはきっと、日本だけの動きではない。イギリス、ドイツ、韓国……世界的に広がっていることだと思います。

伊藤：どの地方都市も同じようにミニ東京を目指すような状況では、宇都宮市のもみじ通り（P.20）のような雰囲気は生まれませんね。商店街に誰もいなくなってしまったからこそ、やりたい人が試しにやってみるような状況が生まれてきたのかもしれません。

一ノ瀬：もみじ通りで活動する塩田大成さんや仏生山温泉（P.40）の岡昇平さんは、このまちで生きていくなかでどう見立てれば面白いことが起きるのか、当事者として実験しているような気がします。こういう場所をつくったら素敵ですよと声高に主張するのではなく、日々の現象として起こしていく。実際、コンセプトを説明しなくても、彼らが取り組んでいることの価値を地元の人たちはじわじわと共有しているように感じます。

有岡：まちの「見立て」という行為が重要になってきたのかもしれません。2000年前後から、設計方法論のひとつとして、「読み替え」や「転用」が顕著になってきたと感じます。「空間から状況へ」（ギャラリー・間15周年記念展）は、そのエポックメイキングになった展覧会ですが、岡さんは、そうした動きを牽引していたみかんぐみで仕事をされていたので、仏生山温泉やまちぐるみ旅館につながったと解釈しています。

伊藤：1960年代に始まる権利闘争としての住民運動から市民参加を勝ち取ってきたというまちづくりの歴史がありますが、現在はもう少し肩の力が抜けてもっと多様になってきている。次のフェーズにきているような印象があります。

山代：大文字の市民参加という言い方があるかどうかわからないけれど（笑）、そう言いたくなるような、市民が獲得してきた参加の権利と、今起きている、どちらかというとボトムアップ的な動きと

平田京子 　　　　　大西正紀 　　　　　伊藤香織 　　　　　山代 悟

いうのは、どういう関係にあるのでしょうか。
伊藤：住民運動から始まって社会認識の下地が整えられてきたからこそ、今起こっているような活動も単発で終わらずにまちを変えるような動きになりえているように思います。

　まちづくり条例などで市民参加が規定される動きが盛んですが、そこには必ずしもデザインが介在してくるわけではありません。でも、そこにデザインのプロがいると、イメージを魅力的に伝え、みんなで共有できる。デザインができる人がいるということはまちにとって大事なことだと思います。
山代：行政が市民を巻き込んでいくまちづくり、行政や商店街からあまり文句を言われないところでボトムアップ的に起こるまちづくり、その両方に対して、建築家はサービスしうるということですね。

環境を自ら変えていく実感

平田：大きな物件をつくれる人は本当に限られた人たちになっていくなかで、建築に携わる人はどこに活路を求めていくか。この本で紹介している事例が切り開いてくれている手法は、学生だけでなくプロも学ぶ必要がありますね。専門家の職能が変わってくるような気がします。

伊藤：志村さんが学生たちと一緒に仏生山温泉に行ったとき、「岡さんの話を聞いて建築に夢を持てるようになりました」と学生に言われたそうですね（笑）。
志村：学生にとって設計課題やオープンデスクの経験を踏まえると、設計の仕事は徹夜も多く過酷な労働環境ばかりが見えてきてしまうのだと思います。でも、仏生山でお会いした岡さんは、仕事場の周辺に奥さんやお子さんたちがいて、スタッフも一緒にリフレッシュをしながら普通の生活を営んでいる。それがすごく幸せそうに見えたんでしょうね（笑）。

　建築家は「住む」ことに関わるさまざまなモノをつくることができるし、まちの使い方やビジョンも提案できる。だから、地方の小さなまちに建築家が1人いるだけで、その人から創出できることはとても幅広いはずなのです。岡さんにお会いして、温泉の団らん空間に置く本の1つひとつにまで建築家としての嗜好を反映させている姿に、建築家としての幅広い職能の可能性を感じたのだと思います。
大西：そうですよね。大きな蔵をシェアオフィスに生まれ変わらせた「KANEMATSU」（P.14）を運営するボンクラのメンバーも建築家が中心と

一ノ瀬 彩 　　志村真紀 　　岡部友彦 　　有岡三恵

なっています。彼らを中心にものづくりに関わるクリエイターたちがシェアオフィスに集まり、働くだけではなく、イベントなどを通して、まちに開いていく。それに刺激された人たちが、外へと派生して、同様の施設を誕生させたりと、相乗的な効果によって、まさにまち全体が活性化しています。ただ、シェアオフィスをつくるというだけではなく、建築家としてそういったところまで射程に入れることもできるわけです。

伊藤：社会で自分が役に立っている、自分がやったことで環境が変わる、その実感が持てることが大事だと思います。「ワイルド・ウェスト」（P.72）の取り組みを見て、ライプツィヒの人たちはまちは自分の手でつくることができるという実感や精神性を持っているのではないかと思いました。だからこそ、空き地だらけになってしまったまちが、人口減少も底を打ち、だんだん人が戻ってきている。

山代：2000年前後、東ヨーロッパのアーティストやアクティビストの活動拠点で、スクオッター、つまり不法占拠をするような人たちにインタビューをして歩いたとき、すばらしいけれど、正直、日本で同じことをするのは難しいなと思ったんですね。当時の日本は、今よりずっと経済的な圧力が大きくて、特に東京の中では自分勝手に使っていい場所なんて見つからない。でもここ数年、急に分岐点があり、特に地方では、事実上家賃がゼロだったり、値段がつかないような場所が出てきている。無理だと思って眺めていたスクオッター的なものが、急に身近になってきたような気がします。

岡部：資金捻出など経済的な問題にも向かい合い持続させようとしている事例もここ最近目立ってきていると思います。これまでの市民参加の活動は、いわゆる現役世代がコミットすることは難しかったと思うんです。

伊藤：ボランティアでしか成り立たない。

岡部：そうです。これまでは、どんなにいいアイデアがあっても、たいていクライアントが見つからないので、仕事にならないか、行政をクライアントにするしかなかった。でも、ようやくこうしたアイデアにさまざまな工夫を凝らし生業にしていく動きが出てきているように思います。アイデアを事業化し、現役世代がまちへと関わっていく事例がもっと増えてほしいですね。

志村：まちの使い方を考えて、まち全体の活性化を図るヨコハマホステルヴィレッジ（P.36）のような試みはいろいろなところで求められていると思います。

有岡：不動産価値と建築の価値は、必ずしも等価ではありません。でもこうした活動がエリアの価値を上げていく。つまり「まち建築」が醸成されれば、地価上昇にはつながらないかもしれないけれど、新たな人の流れをつくったり、貨幣の多寡だけに左右されないある種の価値の交換や経済活動が生まれていくと信じたいです。

共感を生み出す

伊藤：今後も新しい開発や新しい建物をつくる機会がなくなるわけではありません。そのときには、萎縮しないで、つくり手はきちんと伝えてほしいと思います。それも、ユーザーや周辺の人たちと関係性を築けるようなプロセスにしてほしい。「工事する」（P.120～145）では、つくる側がそれを意識して建設のプロセスをデザインし、まわりの人びととの共感を生み出している事例を紹介しています。

大西：東京電機大学の跡地で行われた「トランスアーツトーキョー」（P.64）の試みは、古いものが壊され、新しいものがつくられる、その分断されがちな2つのタームを地域と協働したアート活動という軸で見事に橋渡しを行い、さらに持続性を与えたものです。比較的大きな開発で、しかもそこに第三者が介在することで、まち全体の関わり合いを強めていくことができるなんて、ある種開発の理想像が実現され始めていると思います。

伊藤：旧山崎歯科医院（P. 80）の取り組みは、建物が壊されて無力感にさいなまれながらも、次につながるきっかけを生んでいます。「建築の終わりをまちづくりの始まりにする」というタイトルもいいですね。

平田：建築のマニアやファンが切り開く新しい価値が、まちに刺激を与えている事例も、私にとって発見でした。職能のボーダーがはっきりしなくなり、専門家はどうあるべきか、その問いに答える専門家も必要なのかもしれません。

山代：スターアーキテクトを頂点にしたこれまでの建築家モデルでは、温泉の番台をやりながら設計の仕事をする岡さんのような人は位置づけられていなかったと思うんです。

　設計という技量をいかに磨くか、いかに専門性を生かすことができるかということが設計者の美しいありようで、いろんなことに手を出すことは美しくないという美学が、建築の世界にはあったと思う。でも今は積極的に施工や経営、企画などにも取り組んでいく。待っていてもいい仕事が来ないのなら、デザインを生かすチャンスは自分たちでつくってしまおうという動き方こそ、自分がこだわりたいものを実現できる方法なのかもしれません。こうしたボトムアップ系のロールモデルになりうる事例を紹介できたことはすごく意義のあることだと思います。

伊藤：いろんな働き方、能力の生かし方がまだまだありそうですね。これから仕事を始めようとする学生たち、そして建築設計事務所という看板を出しているけれど、あまり仕事が来ないなあという設計者の方々にも、「市場はもっと広い」と感じてもらいたいですね。

写真クレジット

アトリエ・ワン	89
いえつく	122〜125
伊藤香織	134、137、162、163上2点、165右
伊藤暁建築設計事務所	24、27
伊東建築塾	帯、170〜172、173左・中央
一般社団法人非営利藝術活動団体コマンドN	64
乾久美子建築設計事務所	107
岩佐明彦	147、167、169
NPO法人南房総リパブリック	52、53
太田浩史	128
大谷悠	72、73、74右上・右下
岡田和奈佳	80
岡部友彦	28〜30、31下2点、37、39上8点
笠木靖之	68
菊地鮎香	81右3点、82、83左
小林正美（明治大学教授）	85
佐伯亮太	51下
佐々木和之	142〜145
志village真紀	48、49、51上3点、79
彰国社写真部	175下上
鈴木豊／東京ピクニッククラブ	163下左
設計事務所岡昇平	13、40〜42、43右
高橋マナミ	173右
チームけんちく体操	149、174、175上2点・下、176、177
月影小学校再生計画プロジェクト	44〜47
筑波大学貝島桃代研究室	88、91
樋泉聡子	25
東京ピクニッククラブ	165左
東洋大学理工学部建築学科	110〜113
冨安亮輔	56〜59
とよさと快蔵プロジェクト	32〜35
中村毅良	62、81左
野原卓	151左、152、153
畑拓（彰国社）	36、39下、76、154、166、179〜181
林風美	83右
ビルススタジオ	20〜23
ビルマニアカフェ	155〜157
藤村泰一	43左
福留奈美	163下右2点
ボンクラ	14〜17
モモセヒロコ	158〜161
八百光設計部	138〜141
リノベーションスクール@北九州	114、115
Alex Telfer	127左
Anja-Schlamann	99
Architecture for Humanity	86、102
CitySwitch Japan	92〜97、119
Helen Schiffer	135左
John Riddy	126、127右
KARO* architekten	98、100、101
KIWEST e.V.	74左
momoko matsumoto	121、130、131、133上右
Open-City	150、151右
Sabine Elling-Saalmann	101上3点
Sludgegulper	135右
Studio Han Design	132、133上左・下右
studio-L	106

図版制作協力

宮本沙生、堀口裕、神田夏子
／東京理科大学伊藤香織研究室

まち建築　まちを生かす36のモノづくりコトづくり
2014年 5月10日　第1版　発　行

編　者	日　本　建　築　学　会
発行者	下　　出　　雅　　徳
発行所	株式会社　彰　国　社

著作権者との協定により検印省略

Printed in Japan
Ⓒ日本建築学会　2014年

ISBN 978-4-395-32010-3 C3052

162-0067　東京都新宿区富久町8-21
電話　　03-3359-3231（大代表）
振替口座　　00160-2-173401
印刷：真興社　製本：誠幸堂
http://www.shokokusha.co.jp

本書の内容の一部あるいは全部を、無断で複写（コピー）、複製、および磁気または光記録媒体等への入力を禁止します。許諾については小社あてご照会ください。